Stefan Kiechle

Gott in allen Dingen

Stefan Kiechle

Gott in allen Dingen

Kurze Praxis der ignatianischen Exerzitien

echter

Der Umwelt zuliebe verzichten wir bei unseren Büchern auf Folienverpackung.

Bibliografische Information der Deutschen Nationalbibliothek

Die Deutsche Nationalbibliothek verzeichnet diese Publikation in der Deutschen Nationalbibliografie; detaillierte bibliografische Daten sind im Internet über ‹http://dnb.d-nb.de› abrufbar.

1. Auflage 2024

www.echter.de

Umschlag: Vogelsang Design, Jens Vogelsang, Aachen
Innengestaltung: Crossmediabureau, Gerolzhofen
Druck und Bindung: Friedrich Pustet, Regensburg

ISBN
978-3-429-05982-8
978-3-429-06691-8 (PDF)
978-3-429-06692-5 (ePub)

Inhalt

Zum Beginn

Praxis der Exerzitien. Menschen, die ihr geistliches Leben stärken wollen und ihre Gestalt der Nachfolge Jesu suchen, haben seit Jahrhunderten in geistlichen Übungen – *exercitia spiritualia* – Weisung und Hilfe gefunden. Die Weisen, wie man solche Übungen macht und wie man sie begleitet, haben sich immer wieder gewandelt. Jede Generation wird neu ihre Gestalt suchen und finden, angepasst an die Kultur ihrer Zeit und an die Bedürfnisse und Stile der Menschen dieser Zeit. Daher muss jede Generation ihre Praxis der Exerzitien ausprobieren, sie entwickeln und sie reflektieren.

Heute gibt es, neben den ignatianischen Exerzitien im engeren Sinn, recht verschiedene Weisen der Exerzitienpraxis: Kontemplative Exerzitien führen in ein schweigendes Schauen auf Gott, angeregt unter anderem durch asiatische Meditationspraxis, mit einer Nähe zum Herzens- oder Ruhegebet. Benediktinische Exerzitien verbinden das Üben mit Psalmengesang und -betrachtung. Karmelitische Exerzitien integrieren ins Üben die mystische Gebetslehre der Teresa von Avila und des Johannes vom Kreuz. Es gibt unter anderem Wander- und Surf-, Mal- und Filmexerzitien; diese Formen machen körperliche oder ästhetische Erfahrungen für das Üben fruchtbar. Charismatische Exerzitien verbinden das Üben mit Lobpreisgebet in der Gruppe. Exerzitien „auf der Straße" macht man in Städten, meist im Freien; sie sensibilisieren besonders für soziale Fragen. In Bibliodrama-Exerzitien spielt man in der Gruppe biblische Szenen nach, um sie zu verinnerlichen. In Ehepaar- oder Jugend-, Priester-, Ordensleute- oder Führungskräfteexerzitien richtet man die Themen der Übungen auf die Lebensfragen der Zielgruppen aus. Die Liste ließe sich erweitern. Meist geht es bei diesen Exerzitienformen darum, dass existentielle spirituelle Erfahrungen – leibliche und seelische, individuelle und solche in Beziehungen und in Aufgaben – zum Üben und Beten helfen und es fördern. Mit ihren Inhalten und Methoden greifen diese Formen auf das ignatianische Erbe zurück; insofern wäre es falsch, ihnen den ignatianischen Charakter abzusprechen oder sie gar aus diesem oder einem anderen Grund abzuwerten. Die Vielfalt der Exerzitienformen ist beeindruckend; wo sie passen, helfen sie suchenden Menschen erheblich.

Als „ignatianische Exerzitien" seien hier solche verstanden, die vorrangig und recht genau nach dem Exerzitienbuch des Ignatius von Loyola, Gründer der Jesuiten (1491–1556), vorangehen; „recht genau" möchte sagen, dass wohl keine Exerzitien ganz wortgetreu den Methoden und Weisungen des Exerzitienbuchs folgen, sondern alle die dort beschriebenen Übungen an heutige Sprache und Kultur anpassen – was ja durchaus ignatianisch ist. Ja, das Anpassen ist geradezu ein ignatianisches Markenzeichen: Einige diffamieren es als lax und zeitgeistig und damit als typisch jesuitisch, andere loben es als kluge Weise der Inkulturation. Was die Gebetsweisen betrifft, bevorzugen heutige ignatianische Exerzitien in der Regel die Schriftbetrachtung, die ja im Exerzitienbuch den Schwerpunkt bildet, ergänzt durch Übungen der Phantasie und des Erwägens, sei es mit den Bild- und Sprachwelten des Exerzitienbuchs, sei es mit neuen passenden Bildern und Texten. Außerdem brauchen ignatianische Exerzitien immer starke Elemente des Schweigens. Und sie sind ein persönlicher Weg und werden individuell von dafür kompetenten Personen begleitet.

Ziele der ignatianischen Exerzitien. Drei Ziele ignatianischer Exerzitien seien formuliert:

1. Die Exerzitantin[1] will ihr Leben ordnen: Sie will von Verletzungen geheilt werden und die Barmherzigkeit und Vergebung Gottes erfahren. Sie will sich abkehren von Unordnung und Sünde und hinkehren zu Gott – Exerzitien zielen auf Umkehr und neue Ordnung.
2. Der Exerzitant sucht die Beziehung zu Gott: In allen Dingen will er seinen Schöpfer und Herrn suchen und finden. Er will in Christus leben und ihn lieben, in Gott ruhen, aus der Erfahrung göttlicher Gegenwart wirken. Exerzitien sind immer und vor allem Gebet – Exerzitien zielen auf mystische Begegnung.
3. Die Exerzitantin will Jesus nachfolgen. Sie sucht ihre Gestalt der Nachfolge Christ, in Gemeinschaft mit anderen Christinnen und Christen. Sie will ihre konkrete Form des Dienstes wählen oder sich in ihrer früher gewählten und derzeit praktizierten Form erneuern – Exerzitien zielen auf apostolischen Dienst.

Alle drei Ziele gehören wesentlich zu Exerzitien, und sie sind eng miteinander verbunden. Keines ist auszuschließen, und man darf sie nicht gegeneinander ausspielen, vor allem nicht die individuellen gegen die sozialen Ziele oder die mehr „innere" spirituelle Erfahrung gegen das „äu-

1 Um die Kompliziertheit gendergerechter Sprache zu vermeiden, wechsle ich immer wieder das Geschlecht der beispielhaft erwähnten Personen – gemeint sind selbstverständlich immer alle.

ßere" soziale und kirchliche Engagement. Selbstverständlich ist es auf einem bestimmten Exerzitienweg möglich und bisweilen angezeigt, sich vorrangig auf eines dieser Ziele auszurichten.

„Gott in allen Dingen" – der Titel des Buches deutet an, dass ignatianische Spiritualität Gott nicht außerhalb der Welt sucht, also gleichsam in Weltflucht und in Sonderwelten, sondern im Hineingehen in die Welt. Ignatius schreibt in einem Brief an Ordensstudenten: Sie sollen „sich darin üben, die Gegenwart unseres Herrn in allen Dingen zu suchen, wie im Umgang mit jemand, im Gehen, Sehen, Schmecken, Hören, Verstehen und in allem, was wir tun; denn es ist wahr, dass Seine göttliche Majestät durch Gegenwart, Macht und Wesen in allen Dingen ist. Und diese Weise zu meditieren, indem man Gott unseren Herrn in allen Dingen findet, ist leichter, als wenn wir uns zu den abstrakteren göttlichen Dingen erheben und uns in ihnen mühsam gegenwärtig machen."[2] Karl Rahner spricht in diesem Zusammenhang von der „ignatianischen Weltfreudigkeit"[3]. Im Kontakt mit ihrem Leben und mit allen Dingen findet die Exerzitantin zur Umkehr, zur mystischen Begegnung und zum apostolischen Dienst.

Ziele dieses Buches. Das Buch will die Praxis ignatianischer Exerzitien beschreiben und reflektieren. Es schöpft aus der langjährigen Erfahrung des Autors als Exerzitant und als Exerzitienbegleiter, aus dem Studium der Quellen[4] und

---

2 Ignatius von Loyola, Briefe und Unterweisungen, Würzburg 1993, 350.

3 Karl Rahner: Der betende Christ. Geistliche Schriften und Studien zur Praxis des Glaubens (SW 7), Freiburg 2013, 279.

4 Die wichtigste ist das Exerzitienbuch des Ignatius von Loyola („Geist-

der Literatur[5] und aus zahlreichen Gesprächen[6] und intensiver Reflexion. Das Buch ist geschrieben für Begleiterinnen und Begleiter von Exerzitien[7] und ebenso für Menschen, die selbst den Weg der Exerzitien gehen, für ihn Anregung suchen und ihn besser erleben und verstehen möchten[8]. Ein solches Buch ist in der Weise, wie es Methoden und Gedanken vorstellt, immer subjektiv und selektiv, immer begrenzt und fehlbar. Andere haben andere Erfahrungen gemacht und kennen weitere Methoden und Inhalte; sie können vieles ergänzen, anpassen und verbessern. Gottes Wirken ist immer weiter und größer als alles menschliche Erfahren und Denken und Agieren – und als alle von Menschen geschriebenen Bücher.

Zuvorderst bezieht sich das Buch auf Exerzitienkurse in festen Häusern. Diese Kurse dauern meist sechs bis neun Tage. Anregen will das Buch auch für 30-tägige Exerzitien[9] und für kürzere Exerzitienformate, etwa Wochen-

---

liche Übungen", [3]2015), zitiert mit „EB" und der in allen Editionen gleichen Randnummerierung.

5 Das Buch profitiert von der zahlreichen Exerzitienliteratur, setzt sich aber nicht direkt mit ihr auseinander und zitiert sie nur wenig. Im Literaturverzeichnis ist einiges aufgeführt.

6 Dankbar bin ich Mitbrüdern im Jesuitenorden und anderen Menschen, die mich in meine eigenen Exerzitien, ins Begleiten und in die theologische Reflexion der Exerzitien eingeführt haben und immer wieder für den Austausch offen sind.

7 Die Lektüre des Buches ersetzt freilich nicht, dass Begleitende selbst den Weg intensiver Exerzitien gehen, diesen reflektieren und sich außerdem ins Begleiten einführen und dafür schulen lassen.

8 Die Lektüre des Buches ersetzt ebenso nicht, dass Exerzitanten und Exerzitantinnen die Übungen wirklich machen und sich dafür persönliche Begleitung suchen.

9 Ignatius sah diese volle Form von 30 Tagen vor, doch er erwähnt auch kürzere Formen. Nachdem 30-tägige Exerzitien noch vor wenigen Jahrzehnten fast ausschließlich von Jesuiten gemacht wurden, verbreiten sie sich heute wieder mehr. Wer daran teilnimmt, will einen intensiven

endkurse. Auch für Exerzitien im Alltag[10] und für andere Exerzitienformen – die oben erwähnten Wander-, Bibliodramaexerzitien usw. – wird das Buch einige Hilfen für das Vorangehen bieten. Die Hinweise zum Begleiten, zu Gebetsweisen und zu Schrifttexten können auch für Geistliche Begleitung im Alltag hilfreich sein.

Der erste Teil beschreibt vor allem die Methode und das Setting von Exerzitien – entsprechend den „Anmerkungen" im Exerzitienbuch (EB 1–20). Der zweite Teil behandelt mehr die Inhalte und geht nach den fünf Etappen des Exerzitienwegs voran. Das Buch will das frühere Buch des Autors „Gott die Ehre. Kurze Theologie der ignatianischen Exerzitien" (Echter Verlag 2021) fortsetzen und in die Praxis bringen – viele ignatianische Grundbegriffe, die hier verwendet werden, wurden dort genauer erläutert und theologisch entfaltet. Mehr zum Begründer der modernen Exerzitien findet sich in „Ignatius von Loyola. Leben – Werk – Spiritualität" (Echter Verlag ^{3}2010). Zahlreiche Einzelaspekte der Exerzitienspiritualität werden in der Buchreihe „Ignatianische Impulse" (Echter Verlag) entfaltet.

---

geistlichen Weg gehen – und muss selbstverständlich die dafür nötige Zeit und die Ressourcen aufbringen. Manche sprechen auch von „Großen Exerzitien" – doch welche längeren oder kürzeren Exerzitien „groß" sind, darüber sollten wir Menschen m. E. kein Urteil fällen.

10 Man macht zuhause und im Alltag, über mehrere Wochen oder Monate hinweg, täglich eine oder zwei Übungen; mit der Gruppe trifft man sich in der Regel wöchentlich zum Austausch und zu Anregungen durch die Kursleitung. Auf diese Weise geht man einen wohl weniger konzentrierten, aber dafür mit dem alltäglichen Leben noch besser verbundenen Exerzitienweg. Solche Exerzitien, von Ignatius nur kurz erwähnt (EB 19), wurden in den letzten Jahrzehnten wiederentdeckt, haben sich weit verbreitet und sind eine gute Form für Menschen mit wenig Zeit.

I. Weise des Vorangehens

Ignatianische Spiritualität ist sehr pädagogisch, d. h., sie will anleiten, einführen, helfen; sie geht methodisch voran und setzt auf Lerneffekte. Dabei muss die Exerzitantin selbständig Wege gehen und selbst erspüren, wohin und wie sie geführt wird. Für diese Pädagogik sind Methoden, Haltungen und Settings sehr wichtig; sie haben selbst spirituellen Wert. Ignatius spricht daher in den Anmerkungen (EB 1–20) ausführlich über „die Weise des Vorangehens" (*modo/orden/forma de proceder*); in diesem ersten Teil des Buches wird sie für heute vorgestellt. Vieles davon – etwa das Schweigen – klingt für jene, die mit Exerzitien vertraut sind, selbstverständlich, ist freilich in heutiger Lebenskultur wenig plausibel und wird oft nicht leicht akzeptiert. Daher ist es ratsam – besonders zu Beginn eines Kurses –, das Setting und die Methode gut zu erklären, für sie zu werben und sie klug anzuwenden.

1. Haltung des Exerzitanten

Was suchen? Wer vor allem Erholung und Ruhe, Ordnung des Lebens, Weisheit für den Alltag, kluge Entscheidungen, Selbsterfahrung und Selbstbewusstsein sucht, strebt Wichtiges an, freilich fehlt ihm die eigentliche Motivation für Exerzitien. Er sollte zumindest eine Offenheit, besser eine aktive Suche nach wirklich geistlich-religiöser Erfahrung mitbringen, das innere Verlangen nach etwas, das über irdische Erfüllung hinausweist, den Wunsch nach einer Lebensgestaltung in der Nähe zu Jesus Christus oder zu Gott. Eine spirituelle Suche, wenigstens als Sehnsucht[11] oder als Anfang eines Weges, ist unabdingbar. Sonst geht man besser in ein Wellnesshotel oder in eine psychosomatische Reha – für viele Menschen sehr hilfreiche Einrichtungen. Um die Sehnsucht nach Gott kann der Exerzitant auch bitten; das öffnet und befreit ihn.

Zeit mitbringen. In Exerzitien muss die Seele zunächst in gewissem Maß in die Stille und zur Ruhe kommen. Sie öffnet sich für das Wirken des Geistes, das nicht sofort kommt und oft nicht leicht erkennbar ist. Sie wird Umwege gehen und Zeiten der Trostlosigkeit durchlaufen. Spirituelle Wege brauchen Zeit und Muße. Der Lebens-

---

11 Ignatius spricht von *deseo/desear* (u.a. EB 20; 23; 48; 155), deutsch meist als „Wunsch"/„wünschen" übersetzt, und von *afecto/afección* (u.a. EB 1; 21; 60; 150; 153ff.; 172;), deutsch meist „Verlangen". *Deseo* ist eher die Sehnsucht nach Göttlichem, *afecto* eher das ungeordnete oder auch geordnete Anhängen an Irdischem. Das deutsche „Sehnsucht" ist nicht ein vor allem romantisches oder vielleicht sogar nur aufgeblasenes Gefühl, sondern im spirituellen Zusammenhang ein seelisch und leiblich tief empfundener Mangel, der zu einem *Sehnen* nach Gott führt, das auf Dauer, weil immer nur ansatzweise erfüllt, gleichsam süchtig macht.

und Aktivitätsrhythmus wird sich entschleunigen. Geduld ist eine Tugend gegen den Zeitgeist – die Exerzitantin muss sie bejahen und einüben und lernen. Schnelle Ergebnisse wird sie nicht erreichen, vielleicht bekommt sie überhaupt keine Ergebnisse, die sie mit nach Hause nehmen könnte, sondern nur ein Tasten und Suchen und zögerliches Erfahren. Zwischenzeitlich wird sie das Üben für Zeitverschwendung halten und an seinem Sinn zweifeln. Und doch muss sie die nötige Zeit mitbringen, gegen innere und äußere Hemmnisse. Im Laufe der Zeit wird sie lernen, von innen her zu verkosten und zu verspüren (vgl. EB 2), mit großer Freude und mit innerem Gewinn.

Großmut und Freigebigkeit. Diese von Ignatius erwähnten Tugenden (EB 5[12]) meinen, dass der Exerzitant mutig und selbstbewusst, offen und frei in die Exerzitien eintritt. „Freigebig" ist die Haltung des Besitzenden, der von seinen Gütern gerne und großzügig, ohne eine Gegenleistung zu erwarten, an Ärmere abgibt. Der Exerzitant bietet sich Gott an, dass dieser ihm Ungeordnetes wegnehme, ihn „zu seiner Liebe und seinem Lobpreis umarme" (EB 15), frei über ihn verfüge und ihn in die Welt sende. Der Exerzitant darf um diese größere Verfügbarkeit bitten. Wenn er merkt, dass er von Verlustängsten bestimmt wird oder sonstige Widerstände hat, soll er diese akzeptieren, aber auch sich bemühen, sie zu überwinden, mit Gottes Hilfe. Anfanghaft tritt er in die Exerzitien mit jener Haltung ein, die Ignatius später „indifferent" nennt (EB 23).

Ergebnisoffen. Bisweilen geht man mit einer bestimmten Lebensfrage in die Exerzitien oder mit dem Wunsch

12 Ausführlicher dazu: Stefan Kiechle (2021) 38f.

nach Klarheit für eine wichtige Entscheidung. Manchmal wird man dann feststellen, dass man sich eigentlich schon festgelegt hat und nun die spirituelle Bestätigung sucht. Soweit möglich, sollte man jedoch ergebnisoffen in die Exerzitien gehen: Die Exerzitantin bietet sich Gott an, damit dieser verfüge, wie er will. Sie lässt sich führen, hört auf die Stimme von oben, öffnet sich für neue Ideen oder Lösungen, überwindet ihre Abwehr und Angst vor Projekten, die sie mit neuen Orten, Aufgaben und Verantwortlichkeiten herausfordern. Wenn sie zu einer Frage Klärung sucht, soll sie diese ins Gebet bringen und Gott um Klarheit bitten, aber sie soll Gott zugleich die Freiheit geben, ihr zu antworten oder nicht, ihr auf diese oder jene Weise und zu diesem oder jenem Zeitpunkt zu antworten, ihr letztlich auch diese oder jene Antwort zu geben. Wäre sie nicht ergebnisoffen, würde sie Gott instrumentalisieren für ihre schon gewählten Projekte, und das Gespräch mit ihm wäre keine freie und ehrliche Begegnung.

Gerade, freie Psyche. Wer in Exerzitien geht, so heißt es, sollte in der Regel psychisch gesund sein, mit altersgemäßer Reife und mit innerer Freiheit und Verfügbarkeit. Nun ist es leicht, solche Ideale aufzustellen. Freilich ist wohl fast jeder – oder eigentlich jeder – auch psychisch da und dort eingeschränkt: Unordnung im Verhalten oder in Beziehungen; zwanghafte oder depressive oder narzisstische Anteile, die sich eben doch bemerkbar machen; Verletzungen, Enge, Ängste. Ja, genau mit diesen Einschränkungen darf und soll er in die Exerzitien gehen und um Befreiung und Reifung bitten – Exerzitien ermöglichen bisweilen erstaunliche Wege des Heilens und

Wachsens. Gott beruft den Menschen mit seinen Mängeln. Wenn jedoch der Exerzitant durch massive psychische Störungen belastet ist? In diesem Fall ist es sehr ratsam, diese in einem Vorgespräch zu thematisieren. Oft ist es besser, Störungen zunächst psychotherapeutisch oder psychiatrisch behandeln zu lassen und eventuell später Exerzitien zu machen. Wenn die Störung jedoch behandelt ist und der Exerzitant sie angenommen und einen guten Umgang mit ihr gelernt hat, ist es durchaus möglich und oft sehr fruchtbar, wenn er Exerzitien macht: Mit den gleichsam freien Anteilen seiner Seele lässt er sich auf die Gottesbeziehung ein und entdeckt neue und faszinierende, heilende und tröstende Welten. Solche Exerzitienwege sind auch für die Begleiterin erstaunlich und trostvoll.

Übungen empfangen. Ignatius nennt den Exerzitanten „den, der die Übungen empfängt" (z.B. EB 15). Angeleitet und geführt wird er demnach vor allem dadurch, dass er sich von seiner Begleiterin Übungen geben lässt. Er billigt der Begleiterin Autorität zu und unterstellt sich dieser. Dafür braucht er persönliche Offenheit und Vertrauen – hilfreich ist, wenn beide sich vor Beginn der Exerzitien kennenlernen, sich über ihre Erwartungen an die Exerzitien austauschen und sich erst danach zur Begleitung entscheiden. Während der Exerzitien berichtet der Exerzitant auch über innere, manchmal sehr persönliche Erfahrungen – er akzeptiert auch darin die Asymmetrie der Beziehung. Und doch ist deutlich, dass sein erster und gleichsam intimster Gesprächspartner Gott ist. Vor allem in dieser Beziehung öffnet er sich und lässt sich beschenken und verwandeln und führen.

2. Haltung der Begleiterin

Selbst beten. Die erste und wichtigste Haltung der Begleiterin wird sein, dass sie selbst einen Exerzitienweg gegangen ist und weiterhin geht und dass sie im Inneren so mit Gott verbunden ist, dass sie aus ihrer Gottesbeziehung lebt und auf diese Weise die geistlichen Wege des Exerzitanten erfassen und deuten kann. Während des Kurses, den sie begleitet, macht sie selbst nicht Exerzitien in jener Intensität, die die von ihr Begleiteten erreichen können. Allerdings geht sie betend und stützend mit: Sie ist wachsam gegenüber den Regungen, die die Erfahrungen der Exerzitanten in ihrer Seele hervorrufen, sie bringt diese Regungen betend vor Gott, und sie betet in den Anliegen der Exerzitanten, freilich mit der Freiheit, Gott die eigentliche Führung zu überlassen, so dass dieser den Exerzitanten jene Erfahrungen schenkt, die er ihnen schenken will. Betend übergibt sie die Exerzitanten Gott und seiner Führung – und enthält sich dadurch nochmals jeglichen Dirigierens oder gar Manipulierens der Exerzitanten. Dies gilt auch dann, wenn ein Exerzitant Wege geht, die ihr nicht behagen, oder Entscheidungen fällt, die sie für nicht zielführend oder für falsch hält.

Die eigenen Fallen und Grenzen kennen. Seine Fallen sollte der Begleiter gut kennen: etwa seine narzisstische Bedürftigkeit, dass er anerkannt und geliebt werden und in seiner Arbeit erfolgreich sein will; seine zwanghaften Muster, die er oft unbewusst bedient und die dann beispielsweise das korrekte Abarbeiten von Regeln und Pflichten zum ersten Bewertungsmaßstab machen; seine depressiven Anteile, die ihn traurig, antriebsarm und hoffnungslos machen, usw. Allgemein sollte er sich fragen, ob und wo er in der Begleitung eigene Bedürfnisse stillen will. Begleitend ist er für andere da und nur für sie. Eigene Bedürfnisse sind legitim und wichtig – er darf ihnen an anderen Orten und im Zusammensein mit anderen Menschen nachgehen. Fragen soll er sich auch, wo er frühere eigene Erfahrungen – solche etwa seines geistlichen Weges oder seiner Beziehungen – zu einfach auf die begleitete Person überträgt und dadurch Situationen falsch einschätzt.[13] Wahrnehmen soll er auch seine Grenzen, beispielsweise wo er spirituell oder psychologisch oder intellektuell überfordert ist – er kann sich Hilfe holen in einer Intervision mit anderen Begleitern oder in einer Supervision. Im Grenzfall sollte er eine Begleitung, der er auf Dauer nicht gerecht werden kann, beenden. All dies braucht Demut und gehört zu dem, was Ignatius „Klugheit" (*discernimiento*) nennt – der Zusammenhang mit der Unterscheidung der Geister liegt auf der Hand.[14] Und doch darf der Begleiter vertrauen, dass Gott auch durch unvollkommene Werkzeuge Gutes wirkt und dass er manche Einseitigkeiten und Fehler ausgleicht.

---

13 Ein Gefährte erzählt von Ignatius: „… sagte er mir, ihm scheine, es könne keinen größeren Fehler in den geistlichen Dingen geben, als die anderen nach einem selbst leiten zu wollen" (Luis Gonçalves da Câmara, Memoriale, MS, Nr. 256). Mit einem Wort des Münchner Philosophen Albert Keller SJ (1932–2010) kürzer und zugespitzter gesagt: „Erfahrung macht dumm."

14 Von Teresa von Avila erzählt man die Anekdote: Gefragt, wen man als Begleiter wählen soll, wenn die Wahl besteht zwischen einem sehr frommen, jedoch wenig klugen und einem sehr klugen, jedoch wenig frommen Begleiter, antwortete sie: den klügeren. – Diese Regel schließt natürlich nicht aus, sondern ein, dass die beste Begleiterin fromm *und* klug ist.

Übungen geben. Ignatius hat für die Person, die man heute als „Begleiterin“ bezeichnet, nur den einen Ausdruck „der/die die Übungen gibt“ (EB 6 u.a.). Damit ist das Vorschlagen konkreter Übungen – Phantasieübungen, Schrifttexte, Gebetsweisen usw. – die erste und wichtigste Aufgabe der Begleiterin und nicht etwa das Besprechen und Deuten intimer Regungen, das Reflektieren von Lebensentscheidungen oder gar das Belehren über religiöse oder andere Zusammenhänge. Indem die Begleiterin *nur* Übungen gibt, bleibt sie einerseits persönlich zurückhaltend und enthält sich aller Direktiven und Belehrungen. Andererseits nimmt sie durch die Auswahl der Übungen – etwa der Schrifttexte und ihrer Themen – sehr wohl Einfluss. Hierfür braucht sie die Haltung der Achtsamkeit und des Respekts, und sie braucht ein gutes geistliches Gespür, so dass sie solche Übungen auswählt, die dem Exerzitanten auf dessen Weg helfen und nicht auf dem, den die Begleiterin als den richtigen gelernt hat oder den sie selbst für besonders wichtig hält.

Wie eine Waage. Wo es um Entscheidungen geht, beschreibt Ignatius die Haltung der Begleiterin mit dem Bild der Waage (EB 15): Er meint jene altmodische Einrichtung, bei der zwei Waagschalen an einer Querstange hängen; diese ruht in der Mitte auf einer Stütze und bleibt dabei beweglich. Nun sinkt die schwerer belastete Schale nach unten und zieht die andere Waagschale nach oben. Also soll bei zwei Entscheidungsalternativen die Begleiterin neutral bleiben und mit dem Exerzitanten prüfen, welche Schale – durch das Gewicht besserer Argumente und Gefühle – schwerer ist und sich nach unten neigt. Die Begleiterin gibt keine Meinung oder Präferenz kund, sie gibt keinen Rat und schon gar nicht drängt sie den Exerzitanten in eine Richtung – dies wäre bald übergriffig oder missbräuchlich. Der Exerzitant soll selbst wägen und unterscheiden und entscheiden. Gott soll dem Exerzitanten „unmittelbar" seinen Willen kundtun (EB 15), indem dieser über seine Empfindungen und Gedanken den guten, zielführenden Geist vom bösen, ihn in die Irre führenden Geist unterscheidet. Von der Begleiterin braucht dies die hohe Kunst der Zurückhaltung, der Demut und der Diskretion – Letztere im doppelten Sinn der Verschwiegenheit und der Gabe, die Geister zu unterscheiden.

Bei der Unterscheidung der Geister helfen. Wenn die Exerzitantin ihre Geister unterscheidet, darf und soll freilich der Begleiter ihr darin helfen, insbesondere in komplexen Situationen: durch Rückfragen die Exerzitantin auf Aspekte bringen, die sie noch nicht sieht; sie einladen, sich von frühen Festlegungen, von übermäßigen Ängsten oder von Anhänglichkeiten zu lösen, also indifferenter zu werden; ihr bei Entscheidungen mögliche Alternativen aufzeigen; sie ermuntern, ihre Gefühle wahr- und ernst zu nehmen; sie mit Hinweis auf einige Regeln der Unterscheidung dazu ermutigen, ihre Regungen – im umfassenden ignatianischen Sinn: Gefühle *und* Gedanken, Konkretes *und* Ideales, Individuelles *und* Soziales[15] – recht zu deuten; sie immer wieder ins Gebet zurückschicken, damit sie sich Gott anbiete; sie am Ende zu einem mutigen Ja

15 Diese „Regungen" (*mociones*) *sind* für Ignatius im Kern die „Geister", die es zu unterscheiden gilt: Was in der Psyche sich „regt", wird gedeutet wie Stimmen/Geister, die der Seele etwas eingeben, einflüstern oder sie beeinflussen – zum Guten hin oder zum Schlechten/Bösen hin (vgl. EB 313).

zum Gewählten und zu einem klaren Nein zu nicht Gewähltem einladen.

Priesterlicher Dienst. Zu Ignatius' Zeiten konnte man sich Seelsorge und Begleitung – die Jesuiten sprachen von *animas iuvare*, „den Seelen helfen" – nur als Dienst von Priestern vorstellen. Deswegen ließen sich Ignatius und seine Gefährten bald zu Priestern weihen.[16] Heute ist deutlich, dass dieser Dienst nicht an das geweihte Amt, etwa an dessen Auftrag, Sakramente zu spenden, gebunden ist. Daher kann er von allen Christinnen und Christen erbracht werden. Man darf ihn als geistlichen Auftrag des allgemeinen Priestertums aller Gläubigen deuten, ermöglicht durch die Taufgnade, durch den persönlichen geistlichen Weg und durch Begleit-Kompetenz. Dass es heute vielen Christgläubigen – älteren und jüngeren, evangelischen und katholischen, Frauen und Männern, Familienmenschen und Zölibatären – gegeben ist, in diesem Sinne *priesterlich* zu begleiten, bereichert die Kirche.

Ausbildung? Früher wurde Exerzitienbegleitung vor allem als Charisma gesehen: Wer selbst ignatianisch geformt war, etwa durch ein Ordensnoviziat mit 30-tägigen Exerzitien, wer außerdem im Gebet lebte und gutes Gespür für Seelsorge hatte, lernte das Begleiten *by doing*, oft mit supervisorischer Hilfe eines älteren, erfahrenen Begleiters. Heute gibt es dafür eigene Ausbildungen, die lange und intensiv und oft sehr aufwändig sind – im Zuge der Professionalisierung aller seelsorglichen Dienste und der Missbrauchsprävention verlangt man Schulungen und Zertifikate.

16 Auch wenn Ignatius selbst andere schon während seines Studiums, lange vor der Priesterweihe, begleitete.

Nun sind Ausbildungen wichtig und hilfreich, haben allerdings Vor- und Nachteile: Vorteile sind, dass man reflektiert und achtsam die Exerzitienwege wirklich kennenlernt; dass man lernt, Gespräche im ignatianischen Stil zu führen; dass man die Unterscheidung und Begleitung mit guter Hilfe einübt; dass man Missgeschicke und Fehler, etwa ein zu direktives oder abhängig machendes Begleiten, erkennt und zu vermeiden lernt; dass man sich Grundwissen über die Schrift und über das Exerzitienbuch und die entsprechenden Methoden aneignet. Nachteile könnten sein: Die persönlich-spirituelle Seite tritt hinter die erlernte professionelle Funktionalität zurück; man meint, einen Handwerkskoffer zu erwerben, aus dem man nur das passende Werkzeug auszuwählen und präzise anzuwenden hat, um dann mit Gewissheit die gesuchten Resultate zu erzielen; das Zertifikat behauptet Erfahrung und Kompetenz, belegt aber zunächst nur die Bildung, nicht die Begabung. Die Ausbildung zur Exerzitienbegleiterin ist – zusammengefasst – empfehlenswert und hilfreich, ersetzt freilich nicht das Charisma. Dieses ist das Fundament, gleichsam der Keim: Die Schulung *hilft*, das Pflänzlein zu gießen und es mit Gottes Hilfe erblühen zu lassen. Vielleicht sagt man statt „Ausbildung" oder „Lehrgang" besser „Kurs" oder „Seminar"[17], denn damit bleibt offener, was und wie viel die Absolventin lernt und nach Abschluss *kann*. Wie ein Exerzitienkurs zeitigt auch das Begleitseminar keine gesicherten Ergebnisse, sondern es gibt Gott Raum, dass er wirke und segne in dem Maß und in der Weise, wie er will. Theologische Kenntnisse sind

17 Das Wort bedeutet „Pflanzschule", von lat. *semen*: Samen, Geschlecht.

übrigens wichtig, aber nicht das Fundament des Begleitens: Wer kein entsprechendes Studium mitbringt, kann sich im Rahmen des Seminars und durch Eigenarbeit genügend Kenntnisse über die Bibel und den Glauben aneignen – zu viel Theologie birgt eher die Gefahr, dass man in der Begleitung das Verstehen überschätzt und vorrangig Wissen vermitteln will.

3. Der äußere Rahmen

Abgeschiedenheit und Stille. Von den üblichen weltlichen oder kirchlichen Aktivitäten, von aller Zerstreuung und von allem Lärm sollte man sich für die Zeit der Exerzitien fernhalten (EB 20). Dazu geht man am besten an einen abgeschiedenen Ort, der viel Stille, eine gute Atmosphäre für das Gebet und Kontakt mit der Natur bietet. Wälder und Wiesen und Gärten helfen sehr, in die Ruhe zu kommen, und sie lehren den Weg in die Wahrnehmung, seiner selbst und Gottes. Neben der äußeren Stille gibt es die innere Stille, die die Exerzitantin sich zu verschaffen sucht: indem sie Sorgen und Belastungen des Alltags für die Zeit der Exerzitien wirklich an Gott abgibt; indem sie sich körperlichen Ausgleich, gute Ernährung und guten Schlaf gönnt; indem sie alles meidet, was sie ablenkt, erregt und aus der Ruhe bringt. Bei Exerzitien im Alltag soll sich die Exerzitantin zumindest für ihre tägliche Zeit des Übens – oft der frühe Morgen, eventuell der Abend – Ruhe und Abgeschiedenheit besorgen.

Schweigen und Leere. Zu schweigen bedeutet nicht nur, nicht zu reden, sondern auch, weitgehend auf Lektüre, Musik und alle Ablenkung zu verzichten – mit seltenen Ausnahmen, wenn eine gezielte Lektüre oder eine persönliche Musik dem Exerzitienweg helfen. Der Umgang mit dem Handy ist für viele herausfordernd: Es nach Möglichkeit ganz auszuschalten oder es, etwa bei familiären Turbulenzen, nur ganz selten und kurz zu konsultieren, ist für sie ungewohnt, aber nach der Eingewöhnung sehr heilsam. Ziel des Schweigens ist, eine innere Leere zu schaffen, in der die Geister freier und existenzieller wirken. Begleiter und Exerzitantin wünschen sich, dass in der Leere gute Geister wirken, mit anregenden Gedanken und angenehmen Gefühlen, die heilen und trösten, erfreuen und gute Wege weisen. Allerdings werden sie feststellen, dass, oft nach einem angenehmen Einstieg, auch dunkle Geister sich Raum verschaffen: Diese lenken vom Gebet ab, bringen wirre, bizarre Gedanken und dunkle Gefühle, schaffen Trostlosigkeit oder Ängste, Zweifel oder Lustlosigkeit. Die Exerzitantin und ähnlich ihr Begleiter müssen die Dunkelheiten aushalten und die Geister in ihrer eben oft kruden Mischung unterscheiden. Der Versuchung, aus der Leere auszubrechen, sie irgendwie zu füllen mit Zerstreuendem, mit Äußerlichkeiten oder mit Lüsten muss widerstanden werden, es sei denn, man verrannte sich in völlig Unheilvolles oder Krankmachendes und muss aus diesem aussteigen – wiederum eine Aufgabe der Unterscheidung.

Fasten und Einfachheit. Manche Exerzitantin fastet während der Exerzitientage gerne, ganz oder zeitweise, strenger oder auch weniger streng. Fasten ist empfehlenswert, wenn es zur inneren Leere und zum Gebet wirklich hilft – vielleicht bringt die Exerzitantin eine Gewohnheit zu fasten schon mit. Es ist nicht empfehlenswert, wenn es als gänzlich neue und aufregende Erfahrung von den Exerzitien ablenkt oder wenn es so viel Raum einnimmt, dass das Denken und Fühlen nur noch von Fragen des Essens oder Nichtessens besetzt wird. Ignatius empfiehlt das Fasten – auch recht streng – in der Ersten und in der Dritten Woche der Exerzitien, also dann, wenn die Exerzitantin sich mit Sünde, Leiden und Kreuz beschäftigt und ein Akt des Verzichtes und der Buße diese Themen unterstützt; vor Übertreibungen warnt Ignatius. In der Zweiten und Vierten Woche soll die Exerzitantin die guten Gaben der Schöpfung genießen und kaum oder nicht fasten.[18] Der Stil lässt sich mit Einfachheit und dem rechten Maß beschreiben: kein Luxus, nichts Aufgeregtes oder Kompliziertes oder Aufwändiges, sondern ein reduzierter, gerader und ästhetischer Stil wird zu Exerzitien helfen. Das gilt auch für die Gestaltung des Hauses und seiner Räume: Was einfach ist und schön und vom Wesentlichen nicht ablenkt, sondern in dieses hineinführt, ist besser. Gut ist, wenn das Exerzitienhaus über Kapellen oder Meditationsräume verfügt, die zum persönlichen Beten einladen. Oder der Exerzitant verbringt seine Gebetszeiten, wenn er ein Einzelzimmer hat und das so wünscht, dort in Abgeschiedenheit ganz für sich.

Gruppe. Zu Ignatius' Zeit nahmen Jesuiten die Exerzitanten meist einzeln in ihre Häuser auf, in ein ruhig gelegenes Gästezimmer. Zum täglichen Gespräch besuchte der Begleiter den Exerzitanten auf dessen Zimmer, ansonsten ging der Exerzitant allein und schweigend seinen Weg. Auch heute gibt es dieses Setting, allerdings, um das Private zu respektieren, mit separatem Gesprächszimmer. Meist macht man jedoch Exerzitien in einer festen Gruppe, mit gemeinsamem Beginn und Abschluss, gemeinsamer

18 Viele Exerzitienhäuser sind auch Tagungshäuser und bieten daher, weil für Tagungen so erwartet, eine reichhaltige und üppige Verpflegung an. Für Exerzitien ist dieser Stil eher hinderlich, und er erhöht die Kosten. Gelingt es, für Exerzitien angemessen einfache Versorgung einzuführen?

Liturgie, gemeinsamen Mahlzeiten im Schweigen. Im schweigenden Miteinander stützt die Gruppe den Einzelnen und trägt ihn, gerade in schwierigen Exerzitienphasen. Oft wächst die schweigende Gruppe zu einer erstaunlichen Gemeinschaft zusammen und ermöglicht so den Exerzitanten eine intensive Glaubens- und Kirchenerfahrung.

Liturgie. Ignatius spricht zwar vom täglichen Besuch der Messe während der Exerzitien (EB 20; 72), aber er macht die Liturgie nicht weiter fruchtbar für den geistlichen Weg. Heute unterstützt eine knappe, eher ruhige, nicht mit zusätzlichen Inhalten beladene und nicht wortlastige, sondern einfache und betende Liturgie meist recht gut die Exerzitienwege der Einzelnen. Die tägliche Liturgie sollte so gestaltet sein, dass alle Exerzitanten, auch wenn sie gerade mit sehr unterschiedlichen Themen beschäftigt sind, in ihr etwas aus ihren Erfahrungen wiederfinden. Insbesondere die Eucharistie eignet sich gut dafür, denn sie enthält in dieser oder jener Form alle Themen und Fragen des Exerzitienweges. Auch Psalmen drücken gut das vielfältige innere Gebet aus. In der Liturgie dürfen die zahlreichen Regungen, mit denen Exerzitanten sich den ganzen Tag gleichsam nach innen, alleine und im Schweigen betend beschäftigen, nochmals nach außen, also gemeinschaftlich und leibhaft, in gehobener und objektivierter Sprache, im uralten Gebetsschatz der Kirche und im Ritual Ausdruck finden – meist ist das hilfreich und tröstlich. Wenn unter den Begleitenden kein Priester ist, treten Wortgottesfeiern an die Stelle der Eucharistie. Wenn Priester an Exerzitien teilnehmen, können sie einüben, in der Eucharistie nicht – wie meistens im Alltag – selbst die

Feier zu leiten und das Wort Gottes für andere auszulegen, sondern als einfache Glieder der Kirche zu *hören* und zu *empfangen* und so in dieser ersten Grundhaltung aller Christen zu wachsen.

Schriftbetrachtung. Täglich macht die Exerzitantin vier, manchmal fünf Übungen von jeweils einer Stunde Dauer, zu Beginn und zum Kennenlernen auch weniger oder kürzer. Heute sind dies meist Schriftbetrachtungen. Die Texte werden vom Begleiter ausgewählt und vorgeschlagen; manchmal bringt die Exerzitantin selbst einen Wunsch oder Vorschlag ein. Meist nimmt man für einen Tag nur einen oder zwei Texte und nimmt diese für jeweils mehrere Übungen – das Wiederholen lässt neue Einsichten zu und vertieft das Beten. Die Methode des Betrachtens, dem Exerzitienbuch entnommen und für heute adaptiert (siehe den nächsten Absatz), soll man zu Beginn eher genau befolgen, später kann die Exerzitantin frei die einzelnen Punkte ihrem Rhythmus und Bedarf anpassen – dem Eigenen frei nachzugehen, hat Vorrang vor allem Abarbeiten vorgegebener Schritte. Auch wird der Exerzitantin helfen, dass sie sich zu Beginn der Exerzitien eine gute, zu ihrem Biorhythmus passende Tagesstruktur gibt und diese dann treu einhält.

Für den Abend, als fünfte Übung des Tages, schlägt Ignatius die „Anwendung der Sinne“ (EB 121–126) vor: Man vergegenwärtigt sich nochmals die Geschichte und *sieht* die Szene und die handelnden Personen, man *hört*, was diese sprechen, *riecht* Gerüche, *schmeckt* Geschmäcker und *betastet* Gegenstände. Die fünf leiblichen Sinne werden gleichsam innerlich oder *geistlich* angewandt – der sinnliche Bezug zur Geschichte führt nochmals ins Innere des Textes, verbindet mit dessen Personen, bewegt die Seele, lässt ein auch mystisches Erkennen zu. Der Exerzitant kann diese Anwendung der Sinne direkt am Ende jeder Betrachtung für einen kürzeren Zeitraum praktizieren oder sie, wie vorgeschlagen, als zusätzliche, eventuell kürzere Übung auf den Abend legen.

Wenn die Exerzitantin gelegentlich statt einer biblischen Geschichte einen Psalm oder einen Weisheits- oder Brieftext betrachtet, wird sie weniger den Text als ganzen aufnehmen, sondern mehr an einzelnen Versen, Worten oder Bildern hängen bleiben. Bei dem, was sie anspricht und berührt, durchaus spontan und selektiv ausgewählt, wird sie länger verweilen und ins Betrachten und Beten gelangen. Manche Exerzitantin drückt ihre Affekte, Regungen und geistlichen Erfahrungen dadurch aus, dass sie das, was ihr in den Sinn kommt, als ein Bild malt oder in einem Text, Psalm oder Gedicht formuliert. Vermeiden sollte sie freilich, dass ihr künstlerischer Ehrgeiz dominiert und sie vor allem darauf zielt, ihr Artefakt stolz dem Begleiter zu präsentieren und es nach dem Kurs mit nach Hause zu nehmen. Vielmehr soll sie sich durch den Vollzug des Malens oder Schreibens ins Gebet führen lassen. Auch beim Rückblick auf die Übung darf sie sich gerne einige Notizen machen. Diese klären oft die Gedanken, und sie helfen später, den Weg als ganzen anzuschauen – auch hier ist Zweck des Schreibens nicht der schöne Text, auch nicht das vollständige Protokollieren aller Erfahrungen, auch nicht das Sichern von Ergebnissen, die man schwarz auf weiß abheften wird. Vielmehr soll das Schreiben helfen, Spuren Gottes im Gebet zu entdecken und mit ihnen weiterzubeten.

Vier Schritte, eine biblische Geschichte zu betrachten. Dieses Vorangehen ist aus den Hinweisen des Exerzitienbuchs zusammengestellt und für heute adaptiert. Anfänger gehen am besten recht genau entlang dieser oder ähnlicher Schritte. Wer schon länger übt, wird einiges überspringen oder in eigener Weise angehen, er kann auch einige Schritte – beispielsweise den zweiten und den dritten – zusammenführen. Wenn man den Schrifttext wiederholt betrachtet oder er auf andere Weise vertraut ist, kann man schneller oder ganz direkt zum vierten und fünften Schritt übergehen.

1. In die Betrachtung hineingehen.

Ich wähle einen Ort, nehme einen Sitz ein, in dem ich gut verweilen kann, schaffe Ruhe.

Ich beginne mit einem Kreuzzeichen, einer Verneigung oder einer anderen Geste.

Ich spüre in meinen Leib. Ich bitte, dass ich Gottes Wort hören und gut beten kann.

Gedanken und Gefühle, die mich besetzen, lasse ich dasein und lege sie beiseite.

Ich lese den Schrifttext langsam durch.

Ich bitte um das, was ich mir in dieser Übung mit diesem Text ersehne und wünsche.

2. Die Szene ausmalen

Ich male mir die biblische Szene vor dem inneren Auge lebendig aus.

Ich inszeniere die Geschichte, höre, schaue, schmecke.

Ich fühle mich in die Gefühle und Handlungen der Personen ein und empfinde sie nach.

3. Sich identifizieren

Ich wähle mir eine oder mehrere Personen der Geschichte aus und identifiziere mich mit ihnen.

Ich entdecke in ihnen Gefühle, Gedanken, Verhaltensweisen, Freuden, Fragen meines Lebens wieder.

Ich verweile, wo ich angesprochen, bewegt oder herausgefordert bin.

Ich entdecke Neues an mir, lasse mir etwas sagen, schaue in die Zukunft.

4. Beten

Was mich bewegt und beschäftigt, erzähle ich mit einfachen Worten Gott.

Ich wende mich an Jesus oder an den Vater, eventuell (mit der Bitte um Fürsprache) an Maria.

Ganz ehrlich drücke ich alles aus, was sich in mir regt.

Oder ich halte es schweigend Gott hin.

Ich bitte und klage, danke und lobe.

Rückblick

Nach dem Betrachten nehme ich mir einige Minuten, um zurückzublicken.

Was habe ich neu erkannt oder erfahren, was wurde mir geschenkt?

Wo war ich unaufmerksam, zerstreut, ließ ich mich ablenken? Ich bitte um Verzeihung.

Ich bitte um Entschlossenheit, die erkannten nächsten Schritte zu tun.

Ich danke für die Betrachtung, für mein Leben, für Gottes Gnade.

Weitere Übungen. Neben Schrifttexten kann die Begleiterin gelegentlich andere literarische Texte geben, wobei narrative und kurze, eventuell poetisch-bildreiche Texte oder selbstverständlich Gebete besser geeignet sind als abstrakte Darlegungen. Aus dem Exerzitienbuch kann sie aus den dort vorgeschlagenen Phantasieübungen auswählen, falls der Exerzitant mit der dortigen Bildwelt zurechtkommt – Ritterszenen haben ja durch Romane und Internetspiele wieder Konjunktur. Auch andere Phantasieübungen darf sie frei für ihn entwickeln, etwa in der Zweiten Woche zu Wahlalternativen (siehe unten). Gelegentlich wird sie dem Exerzitanten zur Betrachtung aus gegenwärtiger oder früherer Kunst ein Bild geben, das eine biblische oder andere Szene darstellt. Bilder berühren oft tief, können aber den Nachteil haben, dass sie ja schon inszeniert sind, also dramaturgisch, farblich usw. die Phantasie des Betrachters festlegen – ignatianisch soll der Exerzitant eher mit seinen Affekten und mit seiner Phantasie selbst ein persönliches, subjektives Bild malen.

Während der Exerzitien ist es hilfreich, den abendlichen Tagesrückblick[19] treu zu praktizieren. Während etwa einer Viertelstunde lässt man den Tag vor dem inneren Auge wie einen Film nochmals abrollen, geht in die Gefühle und Gedanken der Übungen nochmals hinein, verkostet alles und dankt Gott für das Erlebte und Erfahrene; wo Sehnsucht oder Bitten im Herzen sind, werden diese Gott vorgetragen; wo Ärger oder Frustration, werden auch diese Gott bittend hingehalten; wo die Exerzitantin den Eindruck hat, selbst versagt zu haben, bittet sie Gott um Vergebung und um Hilfe zur Besserung. Sie endet mit ei-

19 Mehr dazu unten bei den Gebetsweisen der Ersten Woche.

nem festen Gebet, etwa dem Vaterunser, und mit einem Abendsegen. Den Tagesrückblick praktiziert sie in Exerzitien, weil er die Früchte des Tages nochmals erntet und vertieft und so die Exerzitantin näher zu Gott führt, aber auch, weil sie mit ihm etwas einübt, das sie im Alltag einigermaßen leicht und meist fruchtbar weiterführen wird.

Beten mit dem Leib. Über den Leib – „Tempel des Heiligen Geistes" (1 Kor 6,19) – kommt die Exerzitantin ihren Regungen besonders leicht nahe, auch gleichsam sinnlich inkarniert. Auch hilft ihr die achtsame Wahrnehmung ihres Leibes, zur Ruhe und ins Beten zu gelangen. Für viele ist es daher gut, täglich in Exerzitien Leibübungen zu machen, sei es angeleitet in der Gruppe, sei es individuell. Dafür gibt es verschiedene Schulen und Traditionen: Eutonie, Qigong, Tai-Chi, Yoga[20] und manche andere, auch frei entwickelte. Sinnvoll ist auch, besonders in den ersten Tagen der Exerzitien, eine Übung, in der man in einem Garten oder Wald langsam gehend die fünf Sinne anwendet: alle Geräusche hören, genau eine Pflanze anschauen, Gerüchen nachspüren, eine Frucht schmecken, einen Baum mit der Hand oder den Boden mit den Füßen abtasten; auch diese Übung führt in die Gegenwart und Ruhe hinein, schließlich in die Präsenz Gottes in den Dingen seiner Schöpfung. Eine tägliche intensive Körperbetätigung – kräftiger Spaziergang; einfacher Sport, der aber nicht auf Leistung ausgelegt ist – wird ebenfalls oft helfen.

---

20 Welche davon man wählt, ist m. E. weniger wichtig – darin werden mir freilich jene, die eine der Schulen sehr schätzen, widersprechen. Ignatianisch soll man immer frei das wählen, was hilft, und das beiseitelassen, was hindert.

Kontemplative Elemente. Im Atem wirkt der Geist und lässt sich erspüren – in einigen Sprachen bedeutet „Atem" ja „Geist". Kontemplative Gebetstraditionen[21] nutzen diese uralte Erfahrung: Wer meditiert, achtet aufmerksam auf den Leib, insbesondere auf die Bewegung des Atmens. Eventuell spricht er mit jedem Atemzug ein Wort: „ja" oder „Jesus Christus" oder ein anderes einfaches Gebetswort.[22] Elemente dieser „kontemplativ" genannten Gebetsweisen können durchaus mit ignatianischen Übungen verbunden werden, etwa indem der Exerzitant zu Beginn seiner Betrachtung, bevor er den Schrifttext zur Hand nimmt, sich für einige Zeit in dieser Weise auf Gott hin ausrichtet oder indem er, sofern er mit dieser Gebetsweise vertraut ist, eine oder zwei Übungen pro Tag ganz im kontemplativen Stil macht. Individuelle Wege sind hier sehr empfehlenswert, der Begleiter sollte sie einfühlsam mitgehen. Übrigens kennt das Exerzitienbuch Ähnliches: Etwa die „dritte Gebetsweise" (EB 258–260) empfiehlt, „nach Rhythmus" des Atmens einzelne Worte des Vaterunsers oder eines anderen Gebets längere Zeit zu wiederholen.

Tägliches Gespräch. Täglich führt die Exerzitantin mit ihrem Begleiter ein Gespräch, am besten zu einer gleichbleibenden Uhrzeit. Meist genügen 30 Minuten oder weniger; bisweilen entsteht größerer Gesprächsbedarf, und

---

21 Der Sprachgebrauch hat sich gegenüber Ignatius' Zeit sehr verändert: Damals war „Kontemplation" die Schriftbetrachtung; heute ist Kontemplation – man könnte beinahe sagen: im Gegenteil – das bild- und wortlose Meditieren, das schweigende und gleichsam leere Schauen auf Gott und Versenken in Gott.

22 Vgl. u. a. Franz Jalics, Kontemplative Exerzitien, Würzburg [12]2009. Das ostkirchliche „Herzensgebet" praktiziert Ähnliches.

man verlängert oder führt am selben Tag ein zweites Gespräch. Die Exerzitantin berichtet frei, was sie in den vergangenen 24 Stunden erfahren hat. Dabei soll sie nicht so sehr die „Inhalte" der Übungen, Themen etwa aus ihrer Lebensgeschichte oder ihren Beziehungen, erzählen – diese sind ja oft sehr intim –, sondern eher, ob und wie die Geister sie bewegt haben, ob ihr also bei diesem Bild oder jenem Wort der Schrift Trost, Trostlosigkeit oder andere Regungen kamen (vgl. EB 17). Die konkreten Inhalte bespricht sie eher im Gebet direkt mit Gott, hingegen den Verlauf des Übens eher mit dem Begleiter – damit dieser ihr methodisch und in der Unterscheidung der Geister helfe und neue Schriftstellen für den nächsten Tag auswähle. Das tägliche Gespräch ist wichtig und hilfreich, aber es ist nicht das Zentrum der Exerzitien; dieses ist das Gespräch mit Gott: Im Gebet *geschehen* Exerzitien. Wenn in der Beziehung zum Begleiter eine Störung auftritt, soll die Exerzitantin diese nach Möglichkeit ansprechen und klären. Die relative Kürze des Gesprächs hilft ihr, sich nicht in die Details ihrer Erlebnisse zu verlieren, sondern sich auf Wesentliches zu fokussieren.

5. Vorangehen des Begleiters

Gespräche führen. Die wohl wichtigste Aufgabe der Begleitung ist das tägliche Gespräch: Der Begleiter geht empathisch und einfühlsam mit den Erfahrungen und Einsichten der Exerzitantin mit, er nimmt ihre Gefühle und Gedanken ernst, er tröstet und ermuntert sie in trostlosen Phasen, und er bringt etwas Realitätssinn und Erdung in ihre über-trostvollen, begeisterten Phasen. Er lässt die Exerzitantin frei erzählen – sie hat zu entscheiden, was sie einbringt und was nicht. Andererseits fragt er taktvoll und diskret nach, wenn sie blockiert oder bestimmte Aspekte ausblendet. Er hört viel zu, kommentiert nicht, kann aber bei der Wahrnehmung helfen. Er lässt Nähe zu, hält aber auch Distanz, im gesunden Maß. Das Gespräch ist asymmetrisch: Besprochen werden die Erfahrungen der Exerzitantin, nicht jene des Begleiters; nur selten wird dieser zur Erhellung von Situationen beispielhaft von sich erzählen. Bisweilen wird er den Horizont weit öffnen, bisweilen aber auch helfen, dass die Exerzitantin sich fokussiert auf das Wichtige und Weiterführende ihres Weges.

Die Geister unterscheiden. Um bei der Geisterunterscheidung des Exerzitanten zu helfen, wird die Begleiterin bisweilen nach seinen Regungen fragen: Wo er Trost und Trostlosigkeit empfand, welche Gefühle und Argumente für dieses oder jenes Verhalten oder für diese oder jene Entscheidung sprechen – und welche dagegen sprechen. Sie wird ihm weniger durch Erklären etwas mitteilen, sondern ihn durch sanftes Nachfragen dazu bringen, selbst neue Aspekte zu sehen: übersehene Umstände, unbeachtete Gefühle, überschätzte Gedanken, übertriebene Bedenken oder Ängste, neue und andere Lösungsmöglichkeiten – immer mit dem Ziel, dass er selbst wahrnimmt und die Geister unterscheidet. Sie gibt in aller Regel keinen Rat.[23] Sie nimmt dem Exerzitanten seine zu fällenden Entscheidungen nicht ab und lässt sich von ihm auch nicht dazu drängen. Auf intellektuelle Fragen – zur Bibel, zum Glauben, zur Ethik usw. – gibt sie ihm eventuell eine kurze Antwort, die klärt und seine Beschäftigung damit beendet, aber sie verweist ihn zugleich darauf, dass in Exerzitien anderes im Vordergrund steht und er nach den Exerzitien solchen Fragen gründlicher nachgehen darf.

Darf oder soll sie bisweilen doch Rat geben? Etwa wenn der Exerzitant trotz oder wegen mächtigen Drucks unfähig ist, selbst die Entscheidung zu fällen, oder wenn er sich in offensichtlich Unheilvolles verrennt? Ja, in sehr seltenen Fällen ist das nötig, und dann soll sie einen Rat geben, allerdings eher vorläufig und weitestmöglich freilassend – eben *Rat*, nicht Anweisung –, außerdem im klaren Bewusstsein, dass sie mit diesem Schritt ihre Rolle wechselt. Diesen Wechsel wird sie, wenn möglich, kommunizieren. Sie mutiert von der Begleiterin zum Coach oder zur Seelsorgerin – der Exerzitant soll bekommen, was er in diesem Moment dringend braucht. Später kann sie wieder Begleiterin werden oder dem Exerzitanten auf andere Weise helfen.

Zum Gebet führen. Immer wieder wird der Begleiter nach dem Gebet fragen und methodische Hilfe anbieten, etwa zu einzelnen Schritten der Schriftbetrachtung. Beispielsweise gibt es oft Probleme mit Zerstreuungen und mit mangelnder Konzentration. Im Begleitgespräch wird er

23 Schon gar nicht gibt sie Ratschläge – zu schlagen ist nicht ihre Aufgabe.

individuell auf Fragen eingehen, aber er wird auch zu Beginn der Exerzitien die Gruppe versammeln und alle Teilnehmenden gemeinsam in die Gebetsweisen einführen. Hilfreich ist oft, besonders wenn viele der Teilnehmerinnen erstmals Exerzitien machen, dass der Begleiter zu Beginn die eine oder andere Übung in der Gruppe anleitet: Alle sitzen für 30 oder 45 Minuten im Kreis, und entlang eines dafür ausgewählten Schrifttextes spricht der Begleiter langsam und mit Pausen die einzelnen Schritte vor. Die Exerzitantinnen gehen je nach persönlicher Situation innerlich mit und üben so die Gebetsweise ein. Nach einiger Zeit werden die Exerzitantinnen freilich alleine, in ihrem Tempo und mit ihren Themen, die Übungen machen.

Übungen geben. Gegen Ende des Gesprächs „gibt" der Begleiter der Exerzitantin die Übungen für den nächsten Tag. Vielleicht kommt ihm schon während ihres Berichts über die Erfahrungen des Vortags die eine oder andere weiterführende Schriftstelle in den Sinn. Oder er überlegt kurz, sobald das Gespräch an diesen Punkt kommt. Wie findet er geeignete Texte? Hilfreich ist, wenn er die Bibel gut kennt und sich im Laufe der Zeit ein gewisses Repertoire an gut verwendbaren Texten angeeignet hat und dieses aus dem Gedächtnis abruft. Er kann sich auch eine Liste dafür anlegen und auf diese schauen. Wichtig ist, dass er eher spontan, also über Intuition oder eben über den Blitz des Geistes, die Stellen auswählt. Besser gibt er solche Stellen, die er selbst schon meditiert und verinnerlicht hat, als solche, die er nur gedanklich kennt – da kann die Auswahl kopflastig werden. Bisweilen wird ihm zu einer neuen, ungewohnten und komplexen Lebenssituation ein Schrifttext einfallen, den er noch wenig kennt und noch nie einer Exerzitantin gegeben hat – und er passt genau. Bisweilen hat die Exerzitantin einen Wunsch oder Vorschlag für eine Bibelstelle; wenn diese auch ihm passend erscheint, wird er gerne zustimmen. Wenn er sich große Sorgen macht, ob er wohl die richtige Bibelstelle findet, und sich damit Druck macht, soll er diese Sorge auf Gott werfen: Gott wird ihm Passendes eingeben. Die perfekte Stelle gibt es nur selten. Gott arbeitet auch gut über wenig passende Texte – und über wenig geschickte Begleiter.

Den ausgewählten Text kann und soll die Begleiterin kurz erläutern, so dass die Exerzitantin ihn aus dem Kontext verstehen und auf ihr Leben anwenden kann. Ignatius spricht von „Punkten", bei ihm sind es meist drei. Aus der Geschichte wählt die Begleiterin etwa drei Momente aus – jeweils ein Wort, eine Geste, ein Bild –, die in die Lebenserfahrung der Exerzitantin hineintreffen oder ihr etwas dazu sagen oder ihr eine Frage stellen. Diesen Punkten wird sie dann in den Übungen denkend, fühlend und betend nachgehen. Bisweilen treffen die Punkte freilich überhaupt nicht, oder die Exerzitantin bleibt an einem ganz anderen Moment der Geschichte hängen und kommt auf ganz andere Themen. Die Begleiterin, der davon am nächsten Tag im Gespräch berichtet wird, soll sich nicht grämen oder sich vorwerfen, schlecht begleitet zu haben. Es ist der Geist, der weht, wo er will, und der die Exerzitantin dorthin führt, wohin er sie führen will. Jedenfalls sollen die Erklärungen und Punkte der Begleiterin knapp sein, gleichsam nur ein Skelett bilden, das die Exerzitantin mit ihrer Phantasie und ihren Gedanken – durch das Wirken des Geistes – selbst mit Fleisch umkleidet, damit sie die Dinge von innen her „verspürt und verschmeckt" (EB 2).

Sich selbst wahrnehmen. Die Begleiterin achtet gut auch auf ihre eigenen Regungen, die ja für das Begleiten eine wichtige Rolle spielen: Ist sie enttäuscht oder erfreut über das, was der Exerzitant ihr erzählt? Kann sie ihn gut akzeptieren, ihm mit Liebe begegnen? Überträgt sie eigene Erfahrungen in unpassender Weise auf ihn? Urteilt sie zu schnell, und nach welchen Maßstäben? Will sie etwas von ihm: für sich persönlich, für andere oder für die Kirche? Hat sie Gefühle von Zuneigung – oder im Gegenteil? Schon während des Gesprächs und vor allem danach soll sie aufmerksam auf sich selbst schauen, allerdings nicht ängstlich, dass sie wohl Fehler mache, oder allzu kontrollierend oder steuernd. Sie darf und soll auch spontan bleiben, intuitiv reagieren – sie vertraut, dass der Geist wirkt. Den Exerzitanten und ihre Erfahrungen mit ihm – ihre Freude und ebenso ihre Schwäche, ihre Sehnsucht – bringt die Begleiterin ins Gebet. Sie soll in die Beziehung zu ihm *hinein*gehen, empathisch zu ihm und zu sich selbst; danach soll sie wieder *heraus*gehen: damit er seinen Weg selbständig geht und nicht überbehütet wird und auch, um sich selbst zu schützen. Sie übergibt ihn dem Schutz Gottes. Ihre Energie braucht sie auch für andere Exerzitanten und für sich selbst.

Geistlicher Missbrauch? Nur angedeutet sei dieses derzeit viel behandelte Thema[24]: Missbräuchlich wird Begleitung dann, wenn der Begleiter die Exerzitantin emotional an sich bindet und sie abhängig macht, wenn er selbst emotional oder in anderer Weise etwas von ihr will, wenn er nicht in der Waage bleibt, sondern sie in eine Richtung drängt, für sie entscheidet, sie gar manipuliert oder für irgendwel-

24 Mehr dazu aus ignatianischer Sicht: Hannah A. Schulz (2022).

che Zwecke ausnutzt. Der Begleiter wird diesbezüglich bei sich wachsam sein. Eine gute Supervision sollte ihm dabei helfen. Übrigens kann es missbräuchliches Verhalten – ob bewusst und absichtsvoll oder nicht – auch von Seiten der Exerzitantin geben: wenn sie den Begleiter zu sehr an sich zieht oder ihn emotional ausbeutet, wenn sie seine Gutmütigkeit ausnützt, um ihm im Übermaß ihre seelischen Lasten aufzuladen, anstatt diese auf Gott zu werfen, wenn sie ihn manipuliert für persönliche oder andere Interessen. Hier hat auch der Begleiter eine Verantwortung: Wachsam nimmt er solche Tendenzen wahr, er thematisiert ungutes Verhalten und distanziert sich davon, eventuell bricht er die Begleitung ab.

Tiefer führen? Bisweilen wird der Begleiter von einem Exerzitanten zur Begleitung angefragt, der spirituell weiter vorangekommen und im Gebet tiefer verankert ist als er selbst. Er wird diesen Weg bewundern und sich darüber freuen. Vielleicht wird er sich besorgt fragen, ob er diese Person begleiten kann und darf. Es gibt die Regel, dass man Personen nicht tiefer führen soll, als man selbst gekommen ist: Halbblinde können Sehende nicht führen. Und doch gibt es auch gegenteilige Erfahrungen: Für gute Begleitung ist Klugheit noch wichtiger als Frömmigkeit; dezent und freilassend und mit großem Respekt kann auch ein im Gebet weniger fortgeschrittener Begleiter bei tiefen Wegen anderer mitgehen. Der Geist wirkt auch durch unfertige Werkzeuge – man muss ihn nur wirken lassen und nicht meinen, ihn steuernd oder belehrend ersetzen zu müssen.

Kann Exerzitienbegleitung zur geistlichen Freundschaft werden? Wer von einem therapeutischen Setting herkommt, wird diese Frage mit Nein beantworten, denn dort müssen in jedem Fall die Rollen und die Asymmetrie der Beziehung gewahrt bleiben. Doch geistliche Wege sind anders: Die Begleitbeziehung kann sich im Laufe der Zeit wandeln, hin zu einem gegenseitigen und erfüllenden geistlichen Austausch, respektvoll, mit guter Nähe und Distanz und einem kaum mehr formalen Setting, eben freundschaftlich. Wo solches gelingt, ist es ein Geschenk und Schatz. Man wird dann die Bezeichnung ändern und nicht mehr von Begleitung sprechen. Der Geist führt bisweilen – ganz frei, nicht machbar, gnadenhaft – zu neuen und reichen Erfahrungen.

6. Vier Wochen?

Programm des Exerzitienbuchs. Ignatius übernimmt Bewährtes aus der reichen Tradition vor ihm, unter anderem aus der *Vita Christi* des Ludolph von Sachsen und aus der *Devotio moderna*. Er kennt das frühere Schema der „drei Wege“: die *via purgativa* (Weg der Umkehr und Reinigung), die *via illuminativa* (Weg der Nachfolge und Erleuchtung) und die *via unitiva* (Weg der Auferstehung und Einigung). Er erweitert diese drei Wege zu vier „Wochen“[25]. In der Ersten Woche betrachtet die Exerzitantin ihre Sünden und sucht Umkehr, Vergebung und Annahme in der Barmherzigkeit Gottes; in der Zweiten Woche betrachtet sie das Leben Jesu (vor der Passion) und betet über ihre Weise, Christus nachzufolgen; in der Dritten Woche betrachtet sie die Passion Jesu und bedenkt mögliche Anfechtungen und die Kreuzesnachfolge; in der Vierten Woche betrachtet sie Ostern und sieht das neue Leben, ihr geschenkt auf Erden und in Ewigkeit.[26] Mit der vor allem spanischen Frömmigkeit des späten Mittelalters liegt ein deutliches Gewicht auf der Passion – die Dritte Woche ist, vereinfacht gesagt, jene, die zu den früheren „drei Wegen“ hinzugefügt wird.[27] Hinzu kommt, vorangestellt, das „Prinzip und Fundament“, eine Erwägung über das Geschaffensein, das Ziel des Lebens und den Umgang mit den Gütern der Welt. Mit dieser ersten kurzen Phase der

25 „Woche“ ist ein Hilfsbegriff, der bei 30-tägigen Exerzitien einen ungefähren Zeitabschnitt meint, den man aber je nach den individuellen Wegen verlängern oder verkürzen soll (vgl. EB 4).

26 Ausführlicher entfaltet in Kiechle (2021).

27 In EB 10 erwähnt Ignatius die „drei Wege“, aber er parallelisiert nur die ersten beiden Wege mit seinen ersten beiden „Wochen“.

Exerzitien und den nachfolgenden vier Wochen kommt man gleichsam auf fünf Phasen der Exerzitien – bis heute Modell und Orientierung ignatianischer Exerzitien.

Heutige Inhalte. Bei 30-tägigen Exerzitien geht man im Grunde die fünf Phasen getreu und mehr oder minder vollständig durch – die Lebensthemen der Exerzitantin kommen in der Regel alle irgendwann darin vor. Erfahrungsgemäß braucht man für Prinzip und Fundament etwa drei Tage, für die Erste Woche etwa 6 Tage, dann – nach einem Tag Pause – für die Zweite Woche etwa 9 Tage, nach einem weiteren Tag Pause für die Dritte und Vierte Woche jeweils etwa 4 oder 5 Tage, meist mit noch einem Tag Pause dazwischen. An den persönlichen Weg passt der Begleiter dieses Programm selbstverständlich an; die Exerzitantin wird nicht in allen Phasen sofort wichtige und existentielle Erfahrungen machen, aber immer wieder werden solche geschehen. Für geistliche Menschen ist es durchaus hilfreich, die ganzen Exerzitien ein- oder zweimal im Leben zu machen.

Bei den – viel häufigeren – Exerzitienkursen von 6 bis 9 Tagen Dauer wird man fast immer mit einem oder zwei Tagen zum Prinzip und Fundament beginnen. Danach wird der Begleiter klug aus den Themen aller vier Wochen auswählen, was für die Exerzitantin gerade passt. Oft wird er in einer Phase bleiben, bisweilen aber auch mehrere gerafft durchgehen. Manchmal kommen von innen her Themen auf, die quer zu allen Wochen-Einteilungen stehen. Der Begleiter lässt sich dadurch nicht verunsichern, sondern nimmt diese Wege an, wie sie sind. Er schaut, was täglich neu dran ist, und sucht entsprechende Übungen aus. Gut, wenn am letzten Tag ein freudiger Abschluss steht, der alle Trauer und Krise, alles Dunkle und Schwere im Licht Gottes überstrahlt; freilich ist ein solcher Abschluss nicht immer möglich.

Bei kurzen Exerzitien von zwei oder drei Tagen wird man ebenfalls mit Übungen aus dem Prinzip und Fundament beginnen. Wenn die Teilnehmenden erstmals Exerzitien machen, bleibt man vielleicht ganz bei dieser Thematik. Oder man nimmt noch eine oder mehrere Übungen aus der Ersten oder der Zweiten Woche hinzu. Je nach Jahreszeit kann man solche Exerzitien auch entsprechend dem Kirchenjahr gestalten, etwa mit adventlichen oder fastenzeitlichen Themen.

Freies Begleiten. Den Ablauf der vier Wochen oder fünf Phasen soll die Begleiterin gut kennen, aus eigener Exerzitienerfahrung und aus Studium und Literatur. Er ist für sie Orientierung und Hilfe – nicht mehr und nicht weniger. Wenn die Begleiterin gerade nicht gut erkennt, wo sich die Exerzitantin befindet, kann sie ihr anhand dieses Ablaufes nächste Schritte vorschlagen. Aber zugleich soll sie frei bleiben, spontan auch ganz andere Übungen vorzuschlagen, die für die aufgekommenen Fragen und Themen zu passen scheinen. Je mehr Erfahrung sie hat, desto souveräner wird sie mit den Abläufen der Exerzitien umgehen. Weniger Programm ist oft mehr, und meist genügen ein oder zwei Texte pro Tag; manche Exerzitantin verweilt bei einem Text oder einem Wort mehrere Tage. Allerdings gibt es auch Exerzitantinnen, die mehr Inhalt brauchen, also mehrere Texte täglich. Vielleicht sind sie noch ganz am Anfang, vielleicht unruhig oder sehr in Gedanken – man gibt, was die Person braucht, und später kann das Gebet ja ruhiger und weniger gedanklich, textärmer und emotionaler werden. Wenn ein Text des vergangenen Tages nicht passte, soll das nicht beunruhigen, sondern man probiert in Ruhe einen anderen. Bisweilen kann die Begleiterin zwei oder drei Texte zur Auswahl mitgeben; die Exerzitantin sieht diese in Ruhe an und wählt selbständig den, der sie am meisten anspricht.

Exerzitien machen ist Kirche. Die Exerzitantin macht ihre Übungen alleine und schweigend, und der Exerzitienweg ist sehr individuell. Ist der Weg daher einsam? Wird die Kirche draußen gelassen? Stellt sich die Exerzitantin gar außerhalb der Kirche? Nun macht man meistens Exerzitien in der Gruppe, zwar schweigend und für sich, aber die Erfahrung lehrt: Es wächst eine intensive Gemeinschaft des Gebets – das ist Kirche. Im Gebet sind außerdem die Mitmenschen, das soziale Umfeld, die weltweite Christenheit, die Menschheit präsent – auch da ist Kirche, und das gilt auch für jemanden, der ganz allein Exerzitien macht. Der Begleiter vertritt die Kirche, hoffentlich mit Kompetenz, mit Geist, mit Autorität – auch die Beziehung zu ihm ist Kirche. Schließlich: Wer in der Zweiten Woche seine Gestalt der Nachfolge findet oder erneuert, wird sich für andere engagieren und damit Kirche leben. Exerzitien sind immer ein kirchliches Geschehen, und für viele Exerzitantinnen werden sie zu einer neuen und frohen Kirchenerfahrung.

Gottunmittelbar und gemeinschaftlich. In allen Jahrhunderten neigte der Klerus dazu, die Verkündigung des Glaubens, die Auslegung der Schrift und die Spendung der Sakramente mehr oder weniger exklusiv an sich zu binden: Gottes Wort und seine Gnade sollten sich über die geweihten Amtsträger vermitteln. Dagegen gab es schon seit dem späten Mittelalter ein Erwachen kirchlicher Laien, die *unmittelbar*, ohne kirchenamtliche Vermittlung, den Zugang zu Gott, zu seinem Wort und zu seiner Gnade suchten: so die *Devotio moderna*, so Martin Luther, so auch

Ignatius, so in gewisser Weise alle Mystik. Dadurch wird das kirchliche Amt weniger wichtig und zugleich werden Laien ermächtigt – kraft des in der Taufe vermittelten Priestertums aller Gläubigen. Dem Amt gefiel das oft nicht: Ignatius wurde der Häresie verdächtigt und musste sich mehrfach vor der Inquisition rechtfertigen – immerhin wurde er jedes Mal freigesprochen. Der Dienst des Begleitens ist, wie oben ausgeführt, ebenfalls ein kirchliches und priesterliches Amt. Sollte die Kirche dieses nicht noch mehr gestalten und reflektieren und fördern? Was bleibt: Der Exerzitant tritt unmittelbar in Kontakt zu Gott, hört selbst Gottes Wort und empfängt seine Gnade (EB 2), und zugleich ist er vielfältig in der Kirche verwurzelt und verbunden und engagiert. Schön, wenn er dies – angeregt durch die Begleiterin – im Beten und Betrachten seiner Exerzitien konkret erfährt.

Die Schrift als Buch der Kirche. Der Bibel gewährt der Exerzitant eine gewisse Autorität über sich: Von ihr lässt er sich leiten, belehren, führen. Wenn er Bilder und Worte der Bibel für sein Leben auslegt, vertraut er auf den Geist, der ihm das Rechte eingibt. Nun ist die Bibel nicht vom Himmel gefallen, sondern sie ist ein kirchliches Buch, von Menschen der Kirche geistgeleitet verfasst, von kirchlicher Autorität kanonisch zusammengestellt. Im Betrachten der Schrift hört der Exerzitant auf ein gleichsam kirchliches Wort. Auch ist die Auslegungsgeschichte der Texte in seinem Betrachten präsent; etwa mit dem Gleichnis vom verlorenen Sohn verinnerlicht er – so könnte man sagen – ein seit 2000 Jahren wirksames Realsymbol göttlicher Barmherzigkeit. Mit der Schrift steht er außerdem in überkonfessioneller Gemeinschaft: Exerzitien verbinden ökumenisch und arbeiten an der Einheit aller Christen und Kirchen.

Der Geist leitet. Manche haben die Sorge, dass allzu viel Geist die Exerzitantin auf dumme Gedanken bringen, aus der Kirche hinausführen oder gar in Häresie stürzen könnte – diese Anfrage hatte schon Ignatius. Solche Bedenkenträger sollen auf den Geist vertrauen: Dieser will Vielfalt und individuelle Berufungen, und er führt Menschen zusammen, nicht auseinander. Der Begleiter soll dabei durchaus kirchliche Tradition und Ethik, soweit sie für heute adaptiert und relevant sind, mit guter Unterscheidung der Geister einbringen (EB 352ff.): kirchliche Lebensformen und Berufungen – Ehen, Gelübde, Weihen, Aufgaben – eher loben als sie verurteilen; bestehende Bindungen eher zu retten versuchen, als dem Zerbrechen allzu schnell nachzugeben; Leben eher fördern als beenden – etwa in Fragen der Abtreibung, des Suizids, der sozialen Gerechtigkeit, der Ökologie. Und doch soll er freilassend begleiten: Die Exerzitantin entscheidet ihre Lebensfragen selbst, ohne Druck, und die Verantwortung liegt bei ihr. Der Begleiter wandert auf einem schmalen Grat – und vertraut auf den Geist.

Exerzitien für alle Christen. Ignatius empfahl Exerzitien vor allem jungen Männern, die Kandidaten für den Jesuitenorden oder für andere Orden waren. Später wurden Exerzitien vermehrt an Priester und an Mitglieder vieler Orden gegeben. Noch später gab man Exerzitien häufig für „christliche Stände“, oft nur wenige Tage lang und in großen Gruppen: für Frauen oder für Männer, für Jugendliche oder für Ehepaare, für bestimmte Berufsgruppen. Heute gibt man Exerzitien meist für alle Christen und anfanghaft auch für Nichtchristen, die Gott suchen. Junge Menschen machen heute selten Exerzitien: Oft ist ihre religiöse Basis zu schmal, oft richten sich ihre Interessen auf anderes. Die spirituelle Suche beginnt eher nach Krisen und in der zweiten Lebenshälfte, denn dann empfindet man Sehnsucht nach spirituellem Trost, nach einer vielleicht zweiten Berufung, nach geistlichen Entscheidungen und danach, sich auf Gott auszurichten. Selbstverständlich ist es immer erfreulich, auch junge und religiös wenig geprägte Menschen, die sich auf einem ersten Bekehrungsweg und in einer frühen Suche nach Gottes Willen befinden, in Exerzitien zu begleiten. Exerzitien sind zwar ein bevorzugter Ort, Kirche und ein Leben in der Kirche zu entdecken, aber sie sind kein Rekrutierungsinstrument für Kirchenmitgliedschaft oder für kirchliche Berufe. Exerzitien sind für alle da, die Gott und sein Reich suchen – nicht mehr und nicht weniger.

II. Themen der Übungen

Im zweiten Teil dieses Buches werden nun entlang der fünf Phasen der Exerzitien mögliche Themen der Übungen aufgezeigt. Meist sind es Schrifttexte, die kurz für die Betrachtung zusammengefasst und ausgelegt werden. Einige Übungen aus dem Exerzitienbuch und andere Übungen kommen hinzu. Das Angebot ist reichlich, so dass die Begleiterin eng auswählen muss; zugleich ist es ärmlich, denn es gibt noch viel mehr geeignete Übungen, die die Begleiterin aus ihrer Erfahrung oder aus anderen Quellen ergänzen wird. Wie oben angedeutet, sind bei der Auswahl Freiheit, Klugheit und Intuition wichtig. Manchmal hält sich die Begleiterin in etwa an den Ablauf der fünf Phasen, manchmal wählt sie frei Übungen, die ihr zur Lebenssituation und zur geistlichen Suche des Exerzitanten passend erscheinen. Am besten wählt sie solche Übungen, die sie selbst schon erbetet, durchlebt und vielleicht durchlitten hat. Die unten gegebenen Hinweise darf sie adaptieren, kürzen, ergänzen. Fast immer ist weniger mehr.

Für jede Exerzitienphase wird in den folgenden Kapiteln zuerst das Ziel formuliert,[28] auf das hin der Exerzitant übt und betet. Dieses mündet in ein Gebet um das, was er begehrt (vgl. u. a. EB 48; 91; 104) – er soll es frei für sich anpassen. Anschließend werden Gebetsweisen und die eine oder andere nichtbiblische Übung vorgestellt, die für diese Phase empfehlenswert sind. Der

28 Ausführlicher und theologisch deutend hierzu: Kiechle (2021).

Abschnitt „Betrachtungen“ gibt etwas ausführlichere – wie Ignatius sagt – „Punkte“ für einige in dieser Phase hilfreiche biblische Perikopen[29]. „Weitere Schrifttexte“ sind dann solche, die ergänzend und nur knapp vorgestellt werden.

29 Hier in der Regel an die Einheitsübersetzung (2016) angelehnt; selbstverständlich kann man jede für die Situation geeignete Übersetzung verwenden.

8. Prinzip und Fundament

Ziel und Bitte

Die Exerzitantin will zu Beginn des Kurses zur Ruhe kommen, den Alltag zurücklassen, ganz am Ort der Exerzitien präsent sein, ins Gebet finden oder wieder hineinfinden. Ziel wird sein, dass ihr Vertrauen wächst: in sie selbst, in das Leben, in Gott. Sie will einüben, neu und tiefer auf Gott zu schauen, und zugleich entdecken, wie Gott auf sie schaut.

Sie soll wahrnehmen, dass sie von Gott geschaffen wurde, dass er sie liebt und führt und schützt, ihre ganze Lebensgeschichte hindurch bis in die Gegenwart.

Dankbar wertschätzen wird sie, wie viel und was sie in ihrer Lebensgeschichte von Gott bekommen hat: ihren Leib und ihr Leben, Materielles und Güter, ihre Familie, ihre Erziehung, geistige Gaben, ihren Glauben, Beziehungen verschiedener Art, Ausbildung und Beruf, alles, was sie arbeiten und schaffen konnte, Erlebnisse und Freude und Genuss, religiöse Erfahrungen, Gemeinschaft, Sicherheit und Gesundheit.

Sie möchte außerdem indifferenter werden: freier gegenüber ihren Besitztümern, den materiellen und den geistigen, den leiblichen und den sozialen. Sie möchte Unordnung in ihrem Leben und alles unfrei machende Anhängen an Besitz überwinden, zumindest schrittweise, anfanghaft. Sie will die Freiheit und die Hingabe stärken.

Sie bittet um das, was sie begehrt: *Gott, schenke mir Ruhe in Dir, Vertrauen in Dich und Hingabe an Dich. Mach mich dankbar für das viele, das Du mir geschenkt hast, und lass mich er-*

kennen, wie Du mich bis hierher gnädig geführt hast. Lehre mich, auf Dein Wort zu hören. Mach mich frei in allem, wo ich ungeordnet an meinem Besitz oder Genuss hänge. Mach mich offen für Dich und verfügbar für allen Dienst. Amen.

Gebetsweisen

Zu Beginn kann der Exerzitant eine *Wahrnehmungsübung* im Garten oder im Wald machen. Ganz einfach versucht er, intensiv zu sehen, zu hören, zu riechen, zu tasten und zu schmecken, und zwar alles, was sich seinen Sinnen bietet: Pflanzen und Steine, Vögel und Früchte, Himmel und Erde. Er dankt Gott für die Schöpfung.

Eine dankbare *Rückschau auf seine Lebensgeschichte* kann er mit einer Art Litanei machen, etwa nach Ps 136: Statt der dort erwähnten Geschichte Israels geht er sein Leben durch, mit vielen Etappen und Erlebnissen, und betet jeweils: ... denn seine Huld währt ewig. Oder er schreibt selbst eine Litanei. Oder er malt ein Bild, vielleicht einen Lebensbaum oder eine Lebenslinie, mit den Gaben und Erfahrungen seines Lebens.

Beten wird er viel mit *Psalmen*. Diese stärken immer wieder die Ausrichtung auf Gott. Er wählt einzelne Bilder oder Gebetsrufe aus, verweilt lange bei ihnen, verharrt nicht zu viel im Denken, sondern *betet* sie, d. h., er hält Gefühle und Bilder und seine Sehnsucht Gott hin, in einer frei formulierten Du-Anrede oder schweigend.

Seine *Taufe* kann der Exerzitant betrachten: Sie enthält verdichtet, was Gott für ihn getan hat. Durch die Taufe wurde er unter die Gläubigen aufgenommen und von der Macht des Bösen befreit. In der Taufe bekam er einen Namen und damit eine Identität, in ihr sind seine Gaben und

Charismen grundgelegt, und er wurde von Gott ins Leben gesandt.

Den Text *Prinzip und Fundament* (EB 23) wird ein Exerzitant, der mit eher abstrakten und theologischen Texten umgehen kann, ebenfalls betrachten. Diese Übung ist im Sinne des Ignatius zunächst eine „Erwägung“, also eine gedankliche Arbeit, aber sie weckt auch Erinnerungen und Gefühle, Bilder und Stimmungen, die der Exerzitant ins Gebet bringen wird.

Betrachtungen

Der reiche Fischfang (Lk 5,1–11)

• Nachdem die Fischer die ganze Nacht nichts gefangen haben, versuchen sie es auf Geheiß Jesu nochmals: Die Netze sind übervoll. Im Bild der vollen Netze betrachte ich die empfangenen Gaben meines langen Lebens und danke für sie.

• Simon erschrickt und erfährt sich als schwach, als Sünder. Ich staune über meine Gaben und bete mit Simon: Geh weg von mir.

• Fürchte Dich nicht; von jetzt an wirst Du Menschen fangen. Ich höre das Wort Jesu und lasse mit den Fischern alles zurück, mache mich frei, verschenke meine Gaben und folge Jesus nach, in eine offene Zukunft.

Geschaffen (Gen 2,4b–25)

• Gott formt mich, Staub vom Erdboden, und bläst in meine Nase den Lebensatem.

• Er setzt mich in den Garten Eden, den ich bearbeiten und hüten soll. Vom Baum der Erkenntnis darf ich nicht essen.

• Aus meiner Rippe formt Gott eine Hilfe für mich. Frau und Mann, zwei Menschen verbinden sich und werden ein Fleisch.

Samuel (1 Sam 3,1–10)

• Der Priester Eli ist alt geworden und sieht nicht mehr. Visionen sind selten. Der Tempel ist – ähnlich wie heute die Kirche? – düster und kaum benutzt, aber die Lampe Gottes ist noch nicht erloschen.

• Samuel schläft. Im Schlaf spricht Gott zu ihm – und zu mir. Samuel meint, Elis Stimme zu hören.

• Schließlich erahnt der alte Priester – meine Begleiterin? – die Stimme Gottes. Samuel soll aber nicht wach bleiben und aufmerksam lauschen, sondern wieder schlafen. Sobald ich die Stimme höre, bete ich mit Samuel: Rede, denn Dein Diener hört.

Der gute Hirte (Ps 23)

• Der Herr ist mein Hirt.[30] Nichts wird mir fehlen. Er lässt mich lagern auf grünen Auen und führt mich zum Ruheplatz am Wasser.

• Meine Lebenskraft bringt er zurück.

---

30 Manche Exerzitantin hat mit dem Hirtenbild Mühe: Es sei zu patriarchalisch, und Schafe sind allzu dumme Tiere. Sie kann den Hirten ersetzen, etwa durch ein fürsorgliches und zugleich freilassendes Muttertier, durch eine pflegende Person, die sie kennt, durch ihren Vater oder ihre Mutter, ihren Freund oder ihre Freundin.

• Auch wenn ich gehe im finsteren Tal, ich fürchte kein Unheil. Du deckst mir den Tisch vor den Augen meiner Feinde.

Sehnsucht nach Gott (Ps 63)

• Mein Gott bist Du, Dich suche ich. Es dürstet nach Dir Meine Seele. Nach Dir schmachtet mein Fleisch wie dürres, lechzendes Land ohne Wasser.

• Darum halte ich Ausschau nach Dir im Heiligtum. Deine Huld ist besser als das Leben.

• Meine Seele hängt an Dir, fest hält mich Deine Rechte.

Mose am Dornbusch (Ex 3,1–17)

• Weil er sich über das Unrecht empörte und einen Ägypter erschlug, wird Mose verfolgt. In der Wüste, am Fuß des Horeb, sieht er einen Dornbusch, der brennt und nicht verbrennt. Er zieht die Schuhe aus. Wo begegnete ich in meiner Lebensgeschichte Gott?

• Mose bekommt den Auftrag, das Volk Israel aus der Sklaverei herauszuführen. Er fühlt sich überfordert. Ich sehe meine Aufträge.

• Mose fragt nach dem Namen dessen, der ihn sendet. Gott antwortet: Ich bin, der ich bin.[31] Durch die Zusage und Nähe Gottes lasse ich mich trösten und ermutigen zu meinem Auftrag.

---

31 Martin Buber übersetzt, knapper und vielleicht noch aussagekräftiger: Ich bin da.

Sorgt euch nicht (Mt 6,25–34)

• Sorgt Euch nicht um Euer Leben. Seht die Vögel des Himmels und die Lilien auf dem Felde. Sie säen nicht, sie ernten nicht. Euer himmlischer Vater sorgt für sie. Ich werfe meine Sorgen auf Gott.

• Sorgt Euch nicht um Nahrung und Kleidung. Gott ernährt die Vögel reichlich und kleidet die Lilien prächtiger, als Salomo gekleidet war. Ich durchschaue meine Ängste und meine Eitelkeit. Ich vertraue.

• Sucht zuerst sein Reich und seine Gerechtigkeit, dann wird Euch alles andere dazugegeben. Ich bitte darum, mich zu ordnen und Prioritäten recht zu setzen.

Du gehörst mir (Jes 43,1–7)

• Fürchte Dich nicht, denn ich habe Dich ausgelöst, ich habe Dich beim Namen gerufen, Du gehörst mir.

• Wenn Du durchs Wasser schreitest, bin ich bei Dir, wenn durch Ströme, dann reißen sie Dich nicht fort. Ich, der Heilige Israels, bin Dein Retter. Weil Du in meinen Augen teuer und wertvoll bist und weil ich Dich liebe, gebe ich Menschen für Dich[32]. Fürchte Dich nicht, denn ich bin mit Dir.

• Denn jeden, der nach meinem Namen benannt ist, habe ich zu meiner Ehre erschaffen, geformt und gemacht. Gott

32 Dieser Ausdruck darf auf Menschen bezogen werden, die Gott mir an die Seite stellt, um mich zu begleiten, zu schützen, zu stützen; er kann auch auf Christus hinweisen, der sein Leben für mich und für alle gibt.

spricht diese Worte zu mir; ich lasse mich von ihnen berühren und wertschätzen.

Elija am Horeb (1 Kön 19,1–13)

- Weil er im Auftrag Gottes die Baals-Priester bestrafte, wird der Prophet Elija verfolgt. Er hat Überdruss – wie ich? Mit ihm fliehe ich in die Wüste und will sterben. Ich schlafe.

- Ich höre den Engel: Steh auf und iss, sonst ist der Weg zu weit für Dich. Gestärkt gehe ich mit Elija 40 Tage und Nächte lang durch die Wüste zum Berg Horeb.

- Gott fragt: Was willst Du hier? Gott erscheint nicht in großen Ereignissen, sondern im sanften Säuseln. Ich verhülle mein Gesicht. Ich bete mit meinem Leben.

Weitere Schrifttexte

Der Schatz und die Perle (Mt 13,44–46): Im Acker entdeckt der Mann einen Schatz, verkauft alles, was er besitzt, und kauft den Acker. Der Kaufmann verkauft alles für eine besonders schöne Perle. Ich frage mich, was mein Schatz oder meine Perle ist, für die ich alles hergeben würde. Ich schaue meine Besitztümer an, relativiere sie und gebe sie innerlich los. Ich bitte um Freiheit von allem verkehrten Anhängen an irdische Güter.

Der Baum an Wasserbächen (Ps 1): Wie der Baum trage ich eine breite Krone mit vielen Gaben und Begabungen. Ich bitte darum, fest eingewurzelt zu werden an Bächen, die wirklich Wasser geben. Ich bitte darum, meine Spreu zu erkennen und selbst nicht zur Spreu zu werden, die der Wind verweht. Ich bitte um die Gabe der Unterscheidung der Geister.

Was bist Du bedrückt, meine Seele? (Ps 42/43): Wenn ich bedrückt bin oder unruhig, von anderen missachtet oder umtost von stürzenden Wassern, trostlos oder deprimiert, dann denke ich an frühere erfüllende religiöse Erfahrungen, im Gebet oder im Gottesdienst. Ich bete, dass ich wieder in festlich wogender Menge zum Haus Gottes ziehen darf und Trost und Freude erfahre. Ich sage mir: Harre auf Gott, denn ich werde ihm noch danken.

Aus der Tiefe rufe ich (Ps 130): Tief im Loch sitze ich und rufe. Ich weiß um unsere Sünde. Ich vertraue, dass Gott vergibt. Ich warte voll Sehnsucht auf den Morgen.

Du kennst mich (Ps 139,1–18.23–24)[33]: Gott ist vertraut mit all meinen Wegen. Könnte ich ihm entfliehen? Du bist sorgend und schützend bei mir, überall und in aller Finsternis. Du hast mein Innerstes geschaffen, mich gewoben im Schoß meiner Mutter. Ich danke Dir, dass ich so wunderbar gestaltet bin. Wie kostbar sind mir Deine Gedanken, Gott.

Gottes Weisheit spielt (Spr 8,27–31): Die göttliche Weisheit – gerne dürfen wir in ihr Christus sehen – spricht über den Schöpfer: Ich war dabei, als er die Welt schuf, als sein geliebtes Kind. Ich war seine Freude Tag für Tag und spielte vor ihm allezeit. Ich spielte auf seinem Erdenrund, und meine Freude war es, bei den Menschen zu sein. Betend darf ich den Knaben Jesus betrachten oder selbst zum Kind werden: spielend, vertrauend, heiter.

---

33 Einige Exerzitanten reagieren auf diesen Psalm mit Abwehr, weil sie einen kontrollierenden, verfolgenden, übermächtigen Gott sehen. Dann einen anderen Psalm wählen.

Der Knecht Gottes (Jes 49,1–6): Schon im Mutterleib berufen, machte mich Gott zu einem spitzen Pfeil. War mein Auftrag vergeblich? Habe ich meine Kraft für Nichtiges, für Windhauch vertan? Doch ich soll Jakob heimführen. Gott macht mich zum Licht für die Nationen, damit sein Heil bis an das Ende der Erde reicht.

Jesus stillt den Sturm (Mk 6,45–52): Wie der Sturm das Boot mit den Jüngern herumtreibt, treiben Ängste mich um. Sind wir verlassen? Gehe ich unter? Jesus kommt über das Wasser – ein Gespenst? Habt Vertrauen, ich bin es; fürchtet Euch nicht. Der Wind legt sich. Bin auch ich fassungslos? Verstockt? Werde ich vertrauen?

Verklärung Jesu (Mt 17,1–9): Zusammen mit wenigen Auserwählten darf ich den hohen Berg der Exerzitien besteigen. Werde ich dort Christus in seiner Herrlichkeit sehen? Will ich – wie die Jünger mit den drei Hütten – besondere Erfahrungen festhalten? Am Ende werde ich wieder hinuntersteigen, zurück in den Alltag. Ich bete um die Gnade der Begegnung mit Christus und um innere Freiheit. Ich bete für meinen Exerzitienweg.

Maria indifferent (Lk 1,26–38): Eine einfache und noch sehr junge Frau hört die phantastische Ankündigung des Engels. Sie erschrickt, und trotz Nachfrage und Erklärung versteht sie wohl nicht alles. Doch sie ist offen: Siehe, ich bin die Magd des Herrn; mir geschehe, wie Du es gesagt hast. Auch ich mache mich offen (indifferent) für das, was der Herr von mir will.

Der reiche Mann (Lk 18,18–30): Der Mann war immer brav und lebte nach den Geboten. Nun will er *mehr* tun. Also soll er seinen Besitz Armen geben und dann Jesus nachfolgen. Aber er ist reich und schafft das nicht. Ich mache mich frei vom Anhängen an Besitz – innerlich, auch äußerlich? Das ist schwer, aber bei Gott möglich. Alles werden wir vielfach zurückbekommen.

Abram bricht auf (Gen 12,1–3): Ein alter Patriarch – Nomade mit Frau und vielen Tieren, aber ohne Kinder – hört Gottes Ruf. Er bricht auf, ins völlig Ungewisse, vertraut einfach auf Gottes Führung und Hilfe. Mit oder ohne Kinder wird er ein Segen sein. Ich mache mich offen für den Aufbruch – ins Ungewisse? Ich vertraue. Ich werde ein Segen sein.

Gottes Sehnsucht nach mir (Hos 11,1–9): Gott gewann seinen Sohn Israel lieb, solange er jung war. Aber Israel lief immer wieder weg. Dennoch zog ihn Gott an sich mit menschlichen Fesseln, mit Banden der Liebe: Wie könnte ich Dich preisgeben? Gegen mich selbst wendet sich mein Herz, heftig entbrannt ist mein Mitleid. Denn ich bin Gott, nicht ein Mensch. Gott fragt mich: Wie oft liefst Du weg von mir? Gott hat bleibende Sehnsucht nach mir.

9. Erste Woche

Ziel und Bitte

In dieser Phase der Exerzitien wird der Exerzitant alles Dunkel seines Lebens da sein lassen und anschauen. Schon gegen Ende des „Prinzips und Fundaments“ wird es in ihm auftauchen und ihn beschäftigen. Mit „Dunkel“ sind alle düsteren Erfahrungen gemeint: Versagen, Fehler, Verleugnung, Sünde; Scheitern, Überforderung; Chaos, Angst, Trauer, Verwirrung; Wunde, Kränkung, Demütigung. Immer wieder war der Exerzitant sowohl Täter wie auch Opfer von Bösem, beides oft eng zusammenhängend und in Wechselwirkung. All dies nüchtern und ehrlich wahrzunehmen, führt in die Realität und auf einen Weg zum Licht.

Dabei steht der Exerzitant nicht allein und als Solitär vor Gott, sondern er ist sozial verstrickt: Von anderen und mit anderen wird er ins Böse gezogen, er ist Mitglied einer insgesamt verdorbenen Gesellschaft. Ob er will oder nicht, er ist verwoben in die Korruption der Weltwirtschaft, der Politik und der Kirche, in sündige Strukturen. All dies wird er sehen und darüber erschrecken, er will damit umzugehen lernen und von Gott dafür Hilfe erfahren.

Vergebung will er für seine sündhaften Haltungen und Taten erlangen und von ihnen umkehren. Für seine Verletzungen sucht er Heilung und Neuaufbau. Das Dunkel in ihm soll von Licht überstrahlt werden.

Vielleicht hadert der Exerzitant mit Gott, weil dieser die Welt so düster geschaffen hat und offensichtlich gegen das Böse nicht einschreitet. Er zweifelt an einem Gott, der sowohl allmächtig wie gütig sein soll. Der Exerzitant wird mit Gott um diese Frage ringen, auch wenn er keine den Verstand befriedigende Antwort erwarten darf. Er wird sein Leid und seine Klage ausdrücken und Gott hinhalten.

Letztlich will der Exerzitant sich als geliebten Sünder erfahren: Er ist und bleibt immer Sünder, muss deswegen bescheiden und demütig seinen Weg gehen. Gott nimmt ihn aber als Sünder an, vergibt ihm und liebt ihn. Als Sünder wird er in der Zweiten Woche der Exerzitien von Gott gerufen und zum Dienst gesandt. Zu dieser letztlich beglückenden Erfahrung möchte er gelangen.

Er bittet um das, was er begehrt: *Gott, schenke mir Einsicht, wo ich in Böses verstrickt bin und wo ich Böses getan und von anderen erlitten habe. Schenke mir die Gnade der Reue und der Scham. Bekehre Du mein enges Herz. Vergib meine Schuld und hilf mir, dass ich meinen Schuldnern vergebe. Zeige mir, wie Du mir vergibst und mich heilst. Lass mich erfahren, dass Du mich schwachen Menschen annimmst und liebst und rufst. Amen.*

Gebetsweisen

Der abendliche *Tagesrückblick* (EB 24ff.) ist die vielleicht am meisten ignatianische Übung, sie ist für alle Tage des Jahres empfehlenswert. In der Ersten Woche der Exerzitien ist er besonders hilfreich, da die Exerzitantin durch ihn, gegen allen Drang des Wegsehens, aufmerksamer wird auf das Dunkel ihres Lebens. Heute legt man den Schwerpunkt zu Recht meist auf das Gute und den Dank – der ebenfalls gebräuchliche Name „Gebet der liebenden Aufmerksamkeit" legt dies nahe. Ignatius kennt diese Übung freilich als *examen de conciencia*[34] – Gewissensrechenschaft –

34 Vgl. EB 24–43. Ignatius unterscheidet ein partikulares Examen, in welchem man immer wieder eine bestimmte, häufig begangene Sünde anschaut und sich von ihr abkehren will, von einem allgemei-

und lenkt den Blick damit stärker auf die Sünde. Während der Ersten Woche darf die Exerzitantin den Fokus dieser Übung durchaus auf das Dunkel und auf das Gebet mit dem Dunklen legen.

Ignatius führt die Exerzitantin von der kosmischen Sünde über die Ursünde der Menschheit zur persönlichen Sünde (EB 55ff.): vom Engelsturz über die Sünde Adams und Evas zur Todsünde eines anderen und schließlich zu ihren Sünden. Auch heute beginnt die Exerzitantin besser mit der strukturellen, allgemeinen Sünde und kommt danach zur persönlichen Sünde. Auf diese Weise sind ihre Übungen weniger moralisierend, sondern sie sieht sich von Beginn an verstrickt, sozial verwoben – und damit nicht ausschließlich persönlich belastet, sondern eingebettet in eine weltweite Unheils- und damit auch Heilsgeschichte.

Eine vermutlich eher schmerzhafte *Rückschau auf ihre Lebensgeschichte* kann die Exerzitantin machen, indem sie Abschnitt für Abschnitt ihr Leben durchgeht und alle dunklen Stellen kommen lässt (vgl. EB 56). Wie in einer Litanei wird sie bei jedem dunklen Moment „Erbarme Dich meiner" oder „Jesus, hab Erbarmen mit mir" oder einen ähnlichen Ruf beten. Dabei kann sie auf dunkle Gedanken, dunkle Worte und/oder dunkle Werke achten.

Sünderin oder Opfer? Eine übermäßig korrekte oder zwanghafte, stark schuldbewusste Exerzitantin sieht sich sofort

---

nen Examen, in dem man alle Schwächen betrachtet und Umkehr und Vergebung erbittet. Auch ein solches Partikularexamen kann heute in bestimmten Situationen helfen, nur soll es nicht dazu führen, dass man sich in zwanghaft anmutender Selbstkontrolle Schwächen abzutrainieren versucht; es ist immer die Bitte darum, dass Gott wirkt.

als Sünderin, als Täterin von Bösem, und sie kann oder will ihre Ängste und Schuldgefühle nicht loswerden. Eine sehr selbstbewusste oder vielleicht verletzte oder narzisstische Exerzitantin sieht sich als Opfer des Bösen anderer und kann oder will aus dieser Opferhaltung nicht herausgehen. Die Exerzitantin soll beides in sich wahrnehmen und auch den Zusammenhang beider Haltungen und den Umschlag der einen in die andere. Alle Menschen tun Böses *und* sind verstrickt. Sieht die Begleiterin eine Einseitigkeit, wird sie diese eventuell durch entsprechende Übungen auszugleichen suchen.

Sünde und Böses ist weniger die Nichteinhaltung von Regeln, sondern ein *Beziehungsgeschehen*. Ihre negativen Folgen bestehen kaum oder eigentlich überhaupt nicht in einer zu erwartenden Strafe Gottes oder gar in der ewigen Höllenstrafe, sondern im Leiden innerhalb der Beziehungen: Wir fügen uns selbst oder uns gegenseitig Leid zu, jetzt und in der Zukunft dieses Lebens. Auch diesen Aspekt wird die Begleiterin mit passenden Übungen einbringen.

Zu einem Rückblick auf die Lebensgeschichte unter dem Aspekt der Sünde helfen auch klassische *Listen von Sünden* (vgl. EB 18), etwa die sieben Todsünden,[35] die fünf Kirchengebote, die Zehn Gebote des Dekalogs, der Beichtspiegel, die drei Versuchungen Jesu, die Werke des Fleisches (Gal 5,13–26). Diese Zusammenstellungen sollen die Exerzitantin freilich nicht in Skrupel, sondern ins Gebet führen.

Heilung und Vergebung: Ignatius schlägt im Exerzitienbuch keine einzige Heilungsgeschichte vor. Heute hat man

35 Vgl. Stefan Kiechle, Sieben Todsünden, Würzburg 2023.

den Aspekt des Opferseins und der Verletzungen mehr im Blick und übt daher gerne mit den zahlreichen Heilungsgeschichten der Evangelien. Das soll nicht zur anderen Einseitigkeit führen, dass die Thematik der Sünde und Vergebung und die dazu passenden Texte ausgeblendet werden. Doch jede Exerzitantin wird mit den Themen beten, die aus ihrer Lebenssituation kommen. Manche biblische Geschichte verbindet auch in wunderbarer Weise beides, etwa jene vom verlorenen Sohn und barmherzigen Vater oder jene von der Heilung des Gelähmten (siehe unten).

Ignatius schlägt auch *Bußübungen* vor (EB 82ff.). In dieser Form sind sie heute sicherlich überzogen, teilweise schädlich und mit einem schwierigen Menschenbild verknüpft. Freilich werden in anderer Form heute Elemente der Askese wiederentdeckt: mäßiges Fasten, Verzicht auf Alkohol und Genussmittel, reduzierter, aber nicht zu wenig Schlaf, Sport oder kräftige Bewegung, Alleinsein – alles, was auch äußerlich und leiblich zur Leere verhilft, was Verdrängung und Kompensation des Dunkels verhindert, was das Schwere und das Leiden ins Bewusstsein lässt.

Einer Exerzitantin, die zur Christus- und Kreuzesfrömmigkeit einen persönlichen Zugang gefunden hat, wird das *Gespräch mit dem Gekreuzigten* (EB 53f.) helfen: Sehr tief nimmt sie wahr, was in Jesu Lebenshingabe Gott für sie heilend und befreiend getan hat. Und sie entdeckt, was sie, indem sie sich mitleidend in das Kreuzesgeschehen hineinziehen lässt, für andere und für Gott tun wird. Das Gespräch soll nicht das Grauen verstärken oder eine Moral des Sich-Aufopferns einpflanzen, sondern die Exerzitantin soll die vergebende und heilende Liebe Gottes empfinden und zugleich ihre Liebe stärken. Auch das Gebet *Anima Christi* ist für viele hilfreich.

Am Ende der Ersten Woche empfiehlt Ignatius eine (Lebens-)*Beichte* (EB 44). Wer Zugang zu diesem Sakrament schon hat oder durch die Exerzitien bekommt, wird – nach guter geistlicher Vorbereitung – in dieser Übung große innere Befreiung und Hilfe erfahren. Noch nicht sollte die Exerzitantin die Beichte ablegen, wenn sie mitten im Erschrecken über ihre Sünde steckt, sondern erst dann, wenn sie gegen Ende der Ersten Woche schon in den Betrachtungen freudig gespürt hat, dass Gott ihr vergibt und sie liebend annimmt. Wenn ein Priester sie begleitet und ihren Weg mitgegangen ist, wird dieser ihr Beichtvater sein; wenn nicht, wird sie vor einem anderen Priester ihre mit der Begleiterin vielleicht schon besprochene Sündengeschichte kurz zusammenfassen und dann die Lossprechung erhalten. Wenn sie keine Beichte ablegen möchte oder dies nicht möglich ist, kann die Begleiterin ihr in einem Segensgebet das Vergeben und die Liebe Gottes zusprechen.

Betrachtungen

Sündenfall (Gen 3)

• Die Schlange symbolisiert die bösen Mächte der Welt. Sie verführt Einzelne und alle zu egoistischen, bösen Taten. Wir Menschen wollen alles haben, alles wissen, alles sein – wie Gott.

• Adam und Eva lassen sich beide verführen mit der Verlockung, Gut und Böse zu erkennen wie Gott. Sie sehen ihre Nacktheit. Der Wurm der Verderbnis ist in der

Menschheit angekommen. Wie Adam und Eva wollen wir uns verstecken und die Schuld abschieben.

• Das Paradies ist vorbei. Der Mensch muss mühsam arbeiten, Eva in Schmerzen ihre Kinder gebären. Aber Gott bekleidet und schützt die beiden. Ich betrachte die Mühsale der Menschen.

Kain und Abel (Gen 4,1–16)

• Nach der mehr individuellen Erkenntnis-Sünde nun die mehr soziale Gewalt-Sünde – die andere Seite der Medaille. Neid und Eifersucht sind Ursprung der Gewalt. Ich betrachte die Gewalttaten der Menschheit: vom Missbrauch, Raub und Mord Einzelner bis hin zu den Kriegen der Völker.

• Bin ich der Hüter meines Bruders? Kain will sich vor der Schuld drücken.

• Infolge seiner Sünde wird Kain rastlos und ruhelos leben. Aber mit einem Zeichen schützt ihn Gott.

Die Erde ist verdorben (Gen 6–8)

• Wenig später sieht Gott: Die ganze Erde ist verdorben. Ich betrachte, wie alle Welt in Krisen, Unheil und Katastrophen – die meisten menschengemacht – verstrickt ist.

• Ich betrachte die gut geschaffene Welt mit den Augen Gottes: seine Enttäuschung, seinen Ärger, seine Trauer.

• Gott beschließt, mit einer Sintflut (volksetymologisch: Sünd-Flut), die Sünde wegzuschwemmen und den Neuanfang zu ermöglichen. Gott will die Welt entsühnen und heilen.

Das goldene Kalb (Ex 32,1–20)

• Gott zeigt sich länger nicht, das Volk in der Wüste harrt. Ich betrachte die geistlich trockenen Zeiten, die Wüstenzeiten des Daseins.

• Im Warten und Murren macht sich das Volk ein goldenes Kalb und tanzt. Welchen Götzen opfern wir? Um welche irdischen und schalen Vergnügungen tanzt unser Geist herum?

• Mose kommt zum Volk zurück. Gott will das Volk vernichten. Mose besänftigt den Zorn Gottes – Gebet hilft eben doch. Aber Mose zerschmettert die Gesetzestafeln und zerstört das goldene Kalb – symbolisch braucht es Vernichtung, um den Neubeginn zu ermöglichen.

Bartimäus (Mk 10,46–52)

• Der blinde Bartimäus sitzt außerhalb der Stadt. Er kann nicht arbeiten, muss daher betteln, im Schmutz der Straße – eine prekäre Existenz. Ich betrachte meine blinden Flecken, meine Unsicherheit, meine Bedürftigkeit.

• Bartimäus hört, dass Jesus vorbeikommt. Er setzt alle Hoffnung auf ihn und schreit: Sohn Davids, Jesus, hab Erbarmen mit mir. Ich schreie Jesus meine Not heraus und bitte um sein Erbarmen.

• Jesus wendet sich ihm zu. Für die Menge ist Bartimäus der Schmutzige, der Quälgeist, der Unerträgliche. Er muss sagen, was er will. Jesus heilt ihn. Bartimäus geht mit Jesus nach Jerusalem hinauf – zum Kreuz. Wo bin ich blind und möchte sehen? Ich spüre, wie neues Licht meine Augen füllt. Ich folge Jesus nach – wohin?

Die gekrümmte Frau (Lk 13,10–13)

• Durch einen Dämon, eine bösartige Macht, ist die Frau verkrümmt, schon seit 18 Jahren. Sie ist nach unten gebeugt, schaut zum Boden und auf sich selbst. Kein Mann wird sich für sie interessieren. In der Synagoge steht sie am Rand, unbeteiligt. Ich schaue meine schon alten Verkrümmungen an, meinen Bezug nur auf den Boden und auf mich, meine Isolation, meine Rückenschmerzen.

• Jesus bemerkt die Frau. Er ist es, der die Initiative ergreift und sie ruft. Sie ist verblüfft, geht zu ihm. Ich lasse mich von Jesus rufen.

• Heilung heißt, aufgerichtet zu werden: Ich spüre in meinem Leib nach, wie die Frau sich aufrichtet, größer wird, selbstbewusster, wie sie schließlich nach vorne schaut, weg von sich, und mit Jesus und den Menschen neu in Beziehung tritt.

Die Versuchung Jesu (Lk 4,1–13)

• Auf sein öffentliches Wirken bereitet Jesus sich spirituell vor: Er geht in die Wüste und fastet sehr streng – macht sich radikal leer. Einsamkeit und Trockenheit lassen Versuchungen zu, der Teufel hat ein leichtes Spiel. Ich betrachte meine Leere und meine Phantasien.

• Drei Versuchungen sind es: Das Brot steht für alle sinnliche Befriedigung. Das Reich steht für Macht und Größe und Glanz. Das Sich-Stürzen vom Tempel und Eingreifen der Engel steht für den geistlichen Hochmut. Ich erforsche mein Gewissen mit diesen drei Wurzelsünden.

• Hoheitsvoll hält Jesus dem Teufel jeweils ein Schriftwort entgegen. Er widersteht ihm. Ich bitte um Kraft und Weisheit, widerstehen zu können.

Pharisäer und Zöllner (Lk 18,9–14)

• Der Pharisäer gilt als brav und korrekt, bürgerlich und religiös zuverlässig, er wird geachtet. Der Zöllner gilt als gierig und korrupt, er wird verachtet. Beide beten im Tempel. Ich gehe in die Kirche zum Beten und halte mich Gott hin, wie ich bin und wie ich angesehen bin.

• Der Pharisäer baut sich vorne auf und rechnet Gott seine in der Tat beeindruckende religiöse Leistung vor. Er verachtet den anderen, den Zöllner und Sünder, und er dankt dafür, dass er auf der guten Seite steht. Das ist hochmütig, verlogen und – wie Jesus sagt – nicht gerecht. Ich erwäge, wo ich pharisäisch bin.

• Der Zöllner bleibt angstvoll hinten stehen und bittet um Erbarmen. Er weiß um seine Sünde, bekennt sie und erfleht nur noch Gottes Hilfe. Obwohl Sünder, ist er gerecht. Ich erwäge meine Sünde und bitte um Erbarmen.

Zachäus (Lk 19,1–10)

• Der Zöllner Zachäus hat sich bereichert, schamlos, auf Kosten seines Volkes. Gemieden von allen, sitzt er in seinem schicken Haus. Etwas gärt in ihm. Er hört von Jesus und will ihn sehen.

• Der kleine Mann will groß sein. In der Baumkrone kriegt er alles mit – ohne selbst gesehen zu werden? Aber Jesus sieht ihn. Zachäus muss heruntersteigen, sich erden, vor allen Leuten seine Kleinheit zeigen. Verblüfft, dass Jesus gerade bei ihm einkehrt, nimmt Zachäus ihn auf. Die Pharisäer empören sich, weil das Mahl mit Sündern Jesus kultisch unrein macht.

• Das gemeinsame Mahl verbindet – und kehrt in Zachäus etwas um. Alles Unrecht wird er wieder gutmachen. Jesu Besuch rettet den Verlorenen.

David und Batseba (2 Sam 11,1–12,15a)

• König David begehrt Batseba, die schöne Frau seines Nachbarn Urija, und lässt sie holen – ein ungeheurer sexueller Übergriff und Machtmissbrauch. Ich bedenke mein Begehren und Übergreifen.

• David lässt Urija so an die Kriegsfront stellen, dass er bald getötet wird; danach holt er Batseba zu sich und heiratet sie – das ist Mord und ein noch größerer Machtmissbrauch. Und er hat Batseba nie gefragt, sondern sich einfach gegriffen, was er wollte. Ich erwäge, ob ich Züge Davids bei mir finde.

• Der Prophet Natan klagt David vor Gott an. David bereut. Gott verzeiht. Aber es bleibt ein Schatten über dem Haus Davids.

Ps 51

• David betet diesen Psalm, als Natan ihn der Sünde anklagt. Ich bete mit David: Wasch meine Schuld von mir ab. Denn ich erkenne meine bösen Taten.

• Erschaffe mir, Gott, ein reines Herz. Verwirf mich nicht vor Deinem Angesicht. Ein zerbrochenes und zerschlagenes Herz wirst Du, Gott, nicht verschmähen.

• Gib mir wieder die Freude Deines Heils. Rüste mich aus mit dem Geist der Großmut. Dann wird meine Zunge jubeln über Deine Gerechtigkeit.

Die Söhne Zebedäi (Mt 20,20–28)

• Mütter sind bisweilen für ihre Söhne sehr ehrgeizig. Oder die Söhne sind es selbst. Für das damals recht irdisch gedachte Reich Christi verhießen die Plätze neben Christus Macht und Prestige, Glanz und Reichtum. Ich schaue meinen Ehrgeiz an, mein Machtstreben, meinen Narzissmus.

• Jesus erteilt eine Abfuhr: Der Vater wird das entscheiden. Und in seinem Reich müssen die Jünger mit ihm den Kelch trinken: den Weg ans Kreuz gehen und ihr Blut vergießen. Alle Machtstrukturen werden dort ausgehebelt. Ich schaue meine Bereitschaft an, mit Jesus den Kelch zu trinken.

• Die Herrscher unterdrücken ihre Völker: Jesus ist pauschal und hart, aber er hat Recht. Bei uns soll es nicht so sein. Ich bete darum, meine Macht nicht zu missbrauchen und wahrhaft zu dienen.

Die Ehebrecherin (Joh 8,1–11)

• Eine Frau wird vor Jesus des Ehebruchs bezichtigt. Soll man sie steinigen? Doch Frauen sind in der Kultur jener Zeit eher passiv. Die Männer greifen sich Frauen – sind nicht jene die Sünder? Ich schaue die Situation der Frau an: Sie ist vermutlich mehr Opfer als Täterin. Finde ich mich in ihr wieder?

• Durch sein geschicktes Fragen entlarvt Jesus die Hypokrisie der Männer. Sie alle waren oder sind Sünder – und schleichen sich beschämt davon. Finde ich mich in ihnen wieder?

• Kein Mann konnte die Frau verurteilen. Auch Jesus verurteilt nicht, er vergibt. Aber sie soll nicht mehr sündigen. Ich bitte, soweit ich Anteil an der Sünde habe, um Abkehr von der Sünde und um Vergebung. Ich bitte, soweit ich Opfer bin, um Gerechtigkeit und Heilung.

Der barmherzige Vater (Lk 15,11–32)

• Der jüngere Sohn verschleudert sein Erbteil, verarmt und landet bei den kultisch unreinen, ekligen Schweinen. Er hungert. Voll Scham und Reue kehrt er nach Hause zurück und bereitet seine Beichte vor. Ich sehe, wo ich Gaben verschleudert habe. Ich will das bekennen und umkehren.

• Der Vater wartet schon lange. Er will die Beichte nicht hören, sondern vergibt dem Sohn sofort und vollständig, gratis, überbordend in seiner Güte. Er lässt das Mastkalb schlachten und feiert. Ich lasse mich von Gottes unausdenklicher Vergebung beschenken und überwältigen. Ich feiere mit.

• Der ältere Sohn hat nie gefeiert, ist in der Pflicht und im Guten verhärtet, ist neidisch, kann dem verachteten Bruder nichts gönnen. Der Vater wirbt um ihn – mit Erfolg? Finde ich Anteile des Älteren in mir? Lasse ich mich zur Feier einladen?

Jakobs Kampf (Gen 32,23–33)

• Seinen Bruder hatte Jakob betrogen. Jakob ist gezeichnet von Sünde. Er will ins Gelobte Land zurück. Beim Durchqueren des Grenzflusses muss er gegen eine unheimliche Gestalt kämpfen, auf Leben und Tod. Ist diese Gestalt Gott? Heftiges Ringen gegen dunkle innere oder äußere Mächte, unverstehbar, offen im Ausgang – kenne ich das? Symbolisch reinigt die Flussdurchquerung von Schuld – bin ich dafür genügend Kämpfer?

• Die Morgenröte zeigt das Licht Gottes. Der Nachtdämon wird schwach, verschwindet. Seinen Namen nennt er nicht. Jakob ist abgekämpft und verwundet. Eine Blessur bleibt ihm, und er muss hinken, ein Leben lang. Werde ich verwundet im Kampf mit dem Dämon, mit Gott?

• Israel wird er heißen und ist gesegnet. Er hat Gott gesehen von Angesicht zu Angesicht. Ich vertraue. Gesegnet ziehe ich ein in das Gelobte Land.

Weitere Schrifttexte

Unkraut und Weizen (Mt 13,24–30): Böse und gute Strebungen wachsen wild durcheinander: in der weiten Welt wie auch persönlich in meiner Seele. Würde ich das Unkraut aktiv herausreißen, würde ich auch den Weizen zerstören. Ich pflege bevorzugt den Weizen, lasse aber beides wachsen – am Ende sortiert und reinigt der Herr.

Richtet nicht (Mt 7,1–5): Ein Ur-Übel meiner Seele ist, dass ich den anderen richte, ihn aburteile, schlecht über ihn rede, mich über ihn – durchaus narzisstisch – erhebe. Ich bitte um Einsicht in dieses Übel, um Erkenntnis des Balkens in meinem Auge, um Scham und Verwirrung über all das (vgl. EB 48), um Umkehr und Verzeihung.

Susanna im Bade (Dan 13): Gierig wollen die zwei Alten die junge Frau sexuell erpressen. Durch Schreien kann sie das Unheil gerade noch abwehren. Die Alten erwirken mit falscher Anklage das Todesurteil für sie. Daniel entlarvt die Intrige, sie werden bestraft. Ich sehe meine sexuelle Unordnung oder andere Gier, mein Vertuschen und mein Intrigieren. Ich bitte Gott um Erbarmen.

Jona läuft weg (Jona 1): Der Prophet bekommt einen schwierigen Auftrag vom Herrn und flieht. Gott steigt Jona nach, lässt es über dem Meer stürmen. Habe ich unangenehme Aufgaben verweigert? Habe ich Angst vor Gott? Wo laufe ich Gott davon?

Die vertrockneten Gebeine (Ez 37,1–14): Die riesige Ebene, bedeckt mit ausgetrockneten Gebeinen – eine schauderhafte, ungeheure Vision. Ich sehe die vertrocknete Menschheit – oder meine vertrocknete Seele? Dann sehe ich, wie Gott die Gebeine mit Fleisch überzieht und sie mit Geist belebt. Ich staune und hoffe und danke.

Der Gelähmte wird geheilt (Mk 2,1–12): Ich sehe meine Lähmungen, meine Blockaden, meine Immobilität. Ich brauche Leute, die mich zu Jesus tragen. Jesus vergibt meine Sünden *und* lässt mich aufstehen; er heilt Seele *und* Leib. Ich bitte um Heilung, ich danke.

Die blutflüssige Frau (Mk 5,24–34): Lange schon ist sie krank und leidet. Wahrscheinlich bekommt sie keine Kinder – eine große Schande damals. Ihre Krankheit ist sehr intim, schambehaftet, betrifft ihre Sexualität. Aber ihr Glaube ist groß: … nur sein Gewand berühren! Die Frau wird heil. Alle sind verblüfft, selbst Jesus. Ihre Wahrheit wird öffentlich. Ich bitte um Heilung auch vom intimsten Dunkel.

Die Sünderin (Lk 7,36–50): Man deutet sie als Prostituierte – war sie nicht mehr Opfer der sozialen Verhältnisse? Die schweigende Salbung der Füße ist zärtlich, ehrfürchtig, vertrauensvoll. Wegen ihrer Liebe wird ihr vergeben, was zu vergeben ist. Die Liebe heilt alles. Ich bitte, Liebe zu erfahren und zu lieben.

Die Berufung des Matthäus und das Mahl mit den Sündern (Mt 9,9–13): Jesus beruft just einen der verfemten Zöllner. Dieser folgt sofort! Beim Mahl in seinem Haus sind viele Sünder. Die Pharisäer empören sich wegen der Unreinheit. Ich lasse mich rufen: Folge ich sofort? Kann ich am Tisch der Sünder Platz nehmen und mit ihnen essen? Als Gerechter wäre ich nicht berufen – nur als Sünder bin ich es.

Hadern mit Gott (Jer 12,1–4a): Manchen tugendhaften Menschen ergeht es in dieser Welt schlecht. Egoisten, Machtmenschen und Schleimern ergeht es oft gut. Ich empöre mich – gegen Gott? Warum greift er nicht ein, handelt gerecht? Ich klage an, bitte und frage, harre und warte.

Schwarz bin ich, doch schön (Hld 1,5a[36]): Ja, ich bin verletzt, gedemütigt, benachteiligt, in Sünde verstrickt, irgendwie

36 Die Bäuerin hatte sonnenverbrannte und in diesem Sinne schwarze Haut (vgl. Hld 1,6); diese galt als weniger schön als die helle Haut der Städterin. „Schwarz“ ist hier nicht ethnisch oder gar rassistisch gemeint.

kaputt, krank, ganz schwarz. Ja, ich bin eigenartig schön; Gott steht zu mir, er liebt mich, er hat mit mir etwas vor. Ich bin eine schöne Schwarze. Ich freue mich und danke.

Vergib mir, wie auch ich vergebe (vgl. Lk 11,1–4): Mit dem Vaterunser bete ich, dass die Vergebung Gottes mich so durchströme, dass ich sie an andere weiterschenke. Vergeben geht zugleich vertikal und horizontal: im Empfangen (als Täter) und im Weiterschenken (als Opfer).

Da bekannte ich Dir… (Ps 32): Solange ich es verschwieg, zerfiel mein Gebein. Da bekannte ich Dir meine Sünde, und Du hast mir die Schuld vergeben: In Exerzitien erkenne ich meine Sünde, stehe zu ihr und spreche sie vor Gott aus. Ich werde befreit. Ich juble und danke.

10. Zweite Woche

Ziel und Bitte

Bisher blickte der Exerzitant in seine Vergangenheit und von dorther in seine Gegenwart: im „Prinzip und Fundament" mehr in das Hellfeld, in der Ersten Woche mehr in das Dunkelfeld. Ab der Zweiten Woche blickt er von der Gegenwart aus mehr in die Zukunft: Sein künftiges Leben will er mit Jesus Christus, dem Mann, der von Gott kam, leben und gestalten. Er will „für seinen Ruf nicht taub" sein, sondern „rasch und eifrig dafür, seinen heiligsten Willen zu erfüllen" (EB 91). Er bittet um „innere Erkenntnis des Herrn", der für ihn Mensch geworden ist, damit er ihn mehr liebe und ihm nachfolge (EB 104) – diese Bitte ist das Vorbereitungsgebet für die Leben-Jesu-Betrachtungen der Zweiten Woche.

Ziel der Übungen ist auch, dass der Exerzitant seine Berufung entdecke und ihr folge. Um Gottes Willen zu erkennen, tritt er in einen Prozess der Unterscheidung der Geister ein: Er prüft die Regungen, die in seiner Seele sowohl in den Gebetzeiten wie in anderen Zeiten wach werden, und versucht zu erkennen, welche von Gott oder Gottes Geist kommen und welche nicht. Den geistgewirkten Regungen will er trauen und ihnen folgen. Insofern er vor einer oder mehreren Lebensentscheidungen steht, will er mit diesem Unterscheiden der Geister eine Wahl treffen (EB 169ff.), d. h., er will Ja sagen zu einer ihm angebotenen Möglichkeit des christlichen Engagements und sich auf den Weg machen, sie zu erfüllen. Wenn keine Lebensentscheidung ansteht, will er in dieser Zweiten Woche sein Leben reformieren (EB 189),

d. h., er bemüht sich, es auf eine größere Nähe zu Gott und auf einen größeren Dienst für die Menschen hin auszurichten.

Er bittet um das, was er begehrt: *Gott, schenke mir die Kraft und die Gnade, dass ich meine Berufung entdecke und darin Deinem Sohn Jesus Christus nachfolge. Jesus, lass mich Dein Leben und Lieben so erkennen, dass ich davon verwandelt und immer tiefer geprägt werde. Hilf mir, dass ich jene Gestalt, mich einzusetzen für Dich, entdecke und lebe, die Du mir aufträgst. Hilf mir, Deiner Gnade gut zu dienen und Frucht zu bringen für Dein Reich. Lass mich auf diesem Weg Heil und Friede und Freude finden. Lass mich immer mehr Dich lieben und Dir nachfolgen. Amen.*

Gebetsweisen

In dieser Zweiten Woche wird die Exerzitantin häufig Texte der Schrift betrachten, vor allem mit Szenen des Lebens Jesu, nach der üblichen ignatianischen Weise. Zur Auswahl stehen zahlreiche weitere biblische Texte, insbesondere Berufungs- und Sendungsgeschichten. Eventuell wird die Exerzitantin während dieser Zweiten Woche die Geschichten der Kindheit Jesu oder in einem der Evangelien den Bericht über sein öffentliches Wirken in Gänze meditativ lesen und bei den Stellen verweilen, die sie ansprechen und berühren.

Ignatius schlägt im Exerzitienbuch weitere Übungen vor, teilweise nach freier Phantasie, teilweise mit biblischem Fundament. Die Begleiterin kann sie durchaus den Exerzitanten geben, die sich mit dieser ritterlichen[37]

37 Genaueres dazu in: Stefan Kiechle (2021) 72ff.

oder biblischen Bildwelt vertraut machen wollen. Einige seien hier vorgestellt:

- Der „Ruf des Königs“ (EB 91–98) überträgt das Bild eines irdischen Königs der spanischen Conquista – zeitbedingt durchaus patriarchalisch-kolonialistisch – auf Christus, den himmlischen König. Die Exerzitantin macht sich bereit, dessen Ruf in die Mission großherzig zu folgen und die dafür erforderlichen Mühen und Verzichte auf sich zu nehmen.

- In der „Betrachtung über die Menschwerdung“ (EB 101–109) nimmt die Exerzitantin zuerst die Personen der Heiligen Trinität in Blick, die im Himmel eine Art gemeinschaftliche Unterscheidung der Geister über die Welt anstellen, dabei die eigentlich unrettbare Verdorbenheit der Menschheit feststellen und dann gemeinsam beschließen, dass „die zweite Person“ zur Erde gehen werde, „um das Menschengeschlecht zu retten“. Damit beginnt die Menschwerdung Gottes, die sogleich mit dem Besuch des Erzengels Gabriel bei der Jungfrau Maria in Nazareth beginnt.

- Die „Betrachtung von der Geburt“ (EB 110–117) schaut die Szene im Stall von Bethlehem an, auch mit einigen volkstümlichen Ausschmückungen. Bemerkenswert ist, dass der Exerzitant sich „zu einem kleinen Armen und einem unwürdigen Knechtlein“ macht, der Jesus dienen und ihm Ehrfurcht erweisen will, und dass hier schon das Kreuz und alle zugehörigen Mühen angedeutet werden, auf die hin Jesus geboren wird, „und dies alles für mich“.

- Die „Besinnung über zwei Banner“ (EB 136–147) führt zu Beginn des öffentlichen Wirkens Jesu in die Unterscheidung der Geister ein: Luzifer, an einem schrecklichen Ort bei Babylon, ruft seine Dämonen unter sein teuflisches Banner und sendet sie in die Welt, damit sie die Menschen zu Reichtum, Ehre und Hochmut verführen. Christus, an einem schönen Ort bei Jerusalem, ruft seine Jünger unter sein himmlisches Banner und sendet sie in die Welt, damit sie die Menschen zu Armut, zur Bereitschaft, Schmähungen zu ertragen, und zu Demut einladen. Der Exerzitant will sich an Christus binden und ihm folgen, außerdem will er die unterschiedlichen Mechanismen kennenlernen, die seine Seele ins Böse ziehen oder zum Guten hin wachsen lassen. Der Exerzitant bittet darum, unter das Banner Christi aufgenommen zu werden.

- Bei den „Drei Menschenpaaren" (EB 149–157) geht es nochmals um Indifferenz: Wie weit begehrt die Exerzitantin Weltliches, wie weit ist sie frei für Gott? Das erste Menschenpaar sagt – nach einer modernen Deutung – wie der Pharisäer (Lk 18,9–14) Ja zu den Geboten, aber Nein zu Gott; das zweite sagt wie der reiche Mann (Lk 18,18–27) Ja zu Gott, aber er geht nicht zu Gott, sondern Gott soll zu ihm kommen; das dritte sagt wie Abraham (Gen 12,1–4) und Maria (Lk 1,38) ganz Ja zu Gott.

- Von den „Drei Weisen der Demut" (EB 165–168) ist wohl die zweite Weise die aktuellste,[38] denn sie übt – teilweise wortgleich mit dem „Prinzip und Fundament" – die Indifferenz weiter ein, wobei der Exerzitant sich weniger mit „lässlicher Sünde" beschäftigen, sondern eher die ein-

38 Die erste Weise fokussiert sich auf „Todsünden" – darüber wird sich der Exerzitant heute kaum Sorgen machen. Die dritte Weise ist ein Streben nach dem Kreuz – heute fraglich geworden und ein Verweis auf die Dritte Woche.

fache Bitte äußern wird, dass seine Bereitschaft zur Nachfolge und zum Dienst – auch wenn er persönliche Nachteile zu erwarten hat – bestärkt werde und sich verstetige.

- Die Übung über das „Verborgene Leben Jesu" in Nazareth (EB 134; 271) ist eher indirekt biblisch. Sie regt den Exerzitanten an zu prüfen, ob und wann er eine Berufung in sich spürt, als Christ verborgen – also unerkannt und in einem weltlichen Beruf – zu leben und auf diese Weise die Liebe und den Glauben zu bezeugen.[39]

- Jesu Abschied „von seiner gebenedeiten Mutter" (EB 273,1) ist eine eigene Übung wert, insbesondere, wenn die Exerzitantin sich gerade von ihrer Familie – aus einer engen Vater- oder Mutterbindung? – löst, um aufzubrechen zu einem geistlichen Weg und in die weite Welt.

Wenn die Exerzitantin vor einer Lebensentscheidung steht und zu ihrer Wahl geistliche Hilfe sucht, werden ihr folgende Übungen helfen:

- Sie schaut ihre bisherige persönliche Berufungsgeschichte an und schreibt sie auf: Welche Lebensentscheidungen habe ich bisher getroffen? Wie traf ich sie? Was hat mir geholfen? Habe ich diese Entscheidungen geistlich, also mit Weisung aus der Schrift und im Gebet, getroffen? Bin ich im Rückblick zufrieden damit? Welche Vorgehensweise, welche Hilfe und welche Klarheit wünsche ich mir für die jetzt anstehende Wahl? Was macht Unruhe oder Angst, was schafft Vertrauen und gibt Freude?

---

39 Diese Übung findet später einen Widerhall in der Spiritualität des hl. Charles de Foucauld.

• Wenn der Exerzitant zwischen zwei Alternativen wählen möchte, kann er zuerst eine der beiden für einen halben oder ganzen Tag in seiner Phantasie anschauen und ins Gebet nehmen: Wo stehe ich bei dieser Wahl in einem Jahr, wo in fünf Jahren, wo in zehn Jahren? In froher Erwartung malt er sich nach vorne blickend sein Leben und Tun aus, eher sinnlich und konkret. Danach macht der Exerzitant mit der anderen Alternative dieselbe Übung im selben Zeitraum. Anschließend vergleicht er: Wo empfinde ich den größeren und nachhaltigeren Trost? Wo werde ich mehr Frucht bringen für andere? Wo sehe ich welche Schwierigkeiten, und was hilft mir, diese zu überwinden? Er prüft die beiden Alternativen gleichwertig, d. h., beide können gute Weisen der Nachfolge Christi sein, in beiden wird er ein sinnvolles und zufriedenes Leben führen. Seine *Regungen* sagen ihm dann, in welcher er *mehr* lieben und dienen wird.

• Die Exerzitantin schreibt eine Liste mit Argumenten und Gefühlen für und gegen die eine und die andere Alternative. Sie soll dabei ehrlich sein und realitätsnah vorangehen, nicht abstrakt, idealisierend. Anschließend wägt sie die Argumente und die Gefühle: Welches bekommt auf meiner Waage welches Gewicht? Wie gehe ich mit Hindernissen, Risiken, Ängsten um? Welche Rolle darf bei mir Lust und Freude spielen? Wähle ich gute Mittel auf gute Ziele hin, oder bleibe ich zu sehr auf Mittel fixiert? Wie weit habe ich Bedürfnisse und Fragen meiner Umwelt – meiner Familie, meiner Freunde, meiner Kollegen – einbezogen? Sie bringt alles vor Gott und erbittet von ihm Klarheit.

• Der Exerzitant fragt sich, was er einem ihm unbekannten Menschen, der vor derselben Entscheidung steht wie er, raten würde (vgl. EB 185). Dadurch nimmt er etwas Distanz zu sich, und er objektiviert seinen Blick auf die Entscheidung.

• Die Exerzitantin versetzt sich in ihre Todesstunde (vgl. EB 186). In ihrer Phantasie schaut sie, wie sie sich in hohem Alter friedlich darauf vorbereitet, ihr Leben demnächst Gott zurückzugeben, und sie fragt sich: Was hätte ich gerne damals, in jener Entscheidungssituation, gewählt? Auch diese Übung objektiviert, und sie versetzt in größere Indifferenz, denn in der Todesstunde steht man ganz ledig vor Gott, frei von allem Besitz, von allen Bindungen und von allem irdischen Streben.

• Wenn der Exerzitant die Entscheidung getroffen hat, schreibt er dazu einen kurzen Wahl-Text, am besten in Gebetsform: Er umschreibt seine Sehnsucht und die Ziele, auf die hin er gewählt hat. Er bringt wichtige Argumente und Gefühle zu Papier. Er nennt einige Mittel, die auf das Ziel hin helfen sollen. Er bittet um Vertrauen und um die Hilfe Gottes. Er legt alles in Gottes Hand: Sein Wille geschehe.

• Nach der Wahl betet die Exerzitantin mit der „Betrachtung, um Liebe zu erlangen" (EB 230–237). Insbesondere das Suscipe-Gebet (EB 234b) wird ihr helfen, ihre Hingabe und Liebe zu stärken.

Wenn für die Exerzitantin keine größere Entscheidung ansteht, wird sie sich, wie erwähnt, darum bemühen, „das eigene Leben und den eigenen Stand zu bessern und zu reformieren" (EB 189). Die Reform kann die Ordnung ihres Alltags betreffen, auch das Gebetsleben; oder ihre Beziehungen, ihre Familie, ihre Arbeit, ihre Freizeitkultur, ihr Umgang mit sich selbst. Hierzu werden neben anderen folgende der unten vorgeschlagenen Schrifttexte anregen: Jesus betet (Mk 1,35); Marta und Maria (Lk 10,38–42); die Aussendungsrede (Mt 10,5–20), die Seligpreisungen (Mt 5,1–12).

Betrachtungen

Verkündigung an Maria (Lk 1,26–38)

• Gott hat beschlossen, die Verderbnis der Menschheit zu überwinden. Er wird selbst Mensch werden, um die von ihm anfangs gut geschaffene Welt zu heilen und die Menschheit zu erlösen. Ich erahne die kosmische Perspektive Gottes.

• Diese große Geschichte Gottes mit der Menschheit beginnt in einer krisenhaften Zeit, in einem armen Dorf eines verlorenen Winkels des römischen Riesenreiches: Gottes Engel besucht eine unbekannte, noch junge, sehr einfache jüdische Frau. Ich sehe, wie Gott punkthaft-konkret beginnt.

• Ich spreche das Jawort Mariens nach. Ich trete ein in Gottes Heilshandeln, das vom kleinen Konkreten ausgeht und den großen Kosmos erreichen wird.

Geburt Jesu (Lk 2,1–21)

• Im Winter geht Maria, hochschwanger, mit ihrem Mann Josef den beschwerlichen Weg von Nazareth nach Bethlehem. In einem Stall entbindet sie ihr Kind. Ich empfinde die prekäre Existenz nach. Gott zeigt sich solidarisch mit unserer Armut und Not.

• Das neugeborene Kind weckt Freude: bei seinen Eltern, bei den Hirten, bei den Engeln. Ich freue mich mit ihnen. Meinem gläubigen Herzen zeigt sich in dem Kind Gott.

• Maria staunt über das wunderbare Geschehen. Sie bewahrt alles in ihrem Herzen. Sie wird mit ihrem Kind einen ungewissen Weg gehen. Mit Maria bleibe ich im Staunen, im Schweigen, in der Anbetung.

Die ersten Jünger (Mk 1,16–20)

• Einfache Fischer werden als Erste gerufen. Haben sie einen spirituellen Aufbruch schon erwartet? Jesus will einfache Arbeiterinnen und Arbeiter. Bin auch ich gerufen? Wie höre ich den Ruf?

• Spontan lassen die Fischer alles liegen und gehen Jesus nach. Ohne ein Element des Zurücklassens und Verzichtens wird es nicht gehen. Ich mache mich frei von Bindungen und Besitztümern und zugleich offen für Neues, für den Aufbruch, für die neue Gemeinschaft.

• Ich bitte zu hören, wohin mich der Herr ruft. Jesus ruft nicht gegen die Neigungen der Gerufenen; daher vertraue ich, dass meine Sehnsucht und meine Wünsche gehört und erfüllt werden. Ich bitte darum, ihn mehr zu lieben, ihm zu vertrauen, seinen Willen zu erkennen, ihm nachzufolgen.

Was sucht Ihr? (Joh 1,35–51)

• Johannes der Täufer verweist auf Jesus. Wer verwies mich erstmals auf Jesus? Fasziniert mich Jesus so, dass ich ihm spontan nachgehe?

• Was sucht Ihr? Was suche ich? Ich lasse die Frage Jesu auf mich wirken. Meister, wo wohnst Du? Indem ich jemandes Wohnung sehe, lerne ich ihn kennen. Ich stelle Jesus meine Fragen und bitte, ihn besser kennenzulernen.

• Kommt und seht! Ich werde eingeladen, ihn zu besuchen und kennenzulernen. Ich gehe eine Beziehung, ja Freundschaft mit ihm ein. Weitere Frauen und Männer kommen hinzu. Die Gruppe wird zum Freundeskreis.

Christus, mein Gewinn (Phil 3,7–14)

• Wie ein Läufer lasse ich alles zurück und laufe begeistert los. Als Pedro Arrupe SJ, früherer Generaloberer der Jesuiten, gefragt wurde, was ihm Jesus Christus bedeute, antwortete er: Alles!

• Ich will nicht meinen Erfolg haben, sondern die Gerechtigkeit Christi. Ich will sein Leben, seinen Tod und seine Auferstehung für mich verstehen und verinnerlichen. Ich bitte darum.

• Ich bin nicht vollendet, habe Christus noch nicht erreicht. Aber er hat mich ergriffen. Ich strecke mich nach vorne aus.

Die Gruppe der Jüngerinnen und Jünger (Mk 3,13–19)

• Es ist Jesus, der auswählt, nicht ich. Selbstbestimmt ruft er und sendet. Ich verstehe nicht immer, was er entscheidet. Ich lasse mich rufen und in Dienst nehmen.

• Ich sehe die Mitglieder der Gruppe in all ihrer Verschiedenheit: ungebildete, arme Fischer wie Petrus – er wird später zum Fels, zum Leiter, ernannt. Jakobus und Johannes, die ehrgeizigen, ja machtorientierten Söhne des Zebedäus. Matthäus, der Zöllner, korrupt und verfemt, weil Kollaborateur mit den verhassten römischen Besatzern. Simon der Zelot – eine Art Untergrundkämpfer gegen dieselben Römer.[40] Gebildete Hellenisten – die Namen Andreas usw. weisen darauf hin. Thomas, ein Zweifler und intellektueller Sucher. Der Verräter – Jesus ahnt wohl den Verrat, wirft Judas aber nicht hinaus. Und weitere Frauen und Männer. Wie kommunizieren diese extrem unterschiedlichen Personen miteinander? Was verbindet sie? Wie gehen sie mit Konflikten um? Ich sehe mich in meiner vielleicht konfliktreichen kirchlichen Gemeinschaft. Ich sehe die Buntheit der Kirche. Ich bete für Einzelne, für meine Gruppe, für die Kirche.

• Letztlich ist es die Beziehung zu Jesus, die die Jüngerinnen und Jünger verbindet. Ich bitte um Gemeinschaft und Verbundenheit und Einheit.

Aussendung (Lk 10,1–20)

• Viele werden gesandt, immer zu zweit. Zwei sind mehr als eins plus eins: Sie stützen sich, sie befruchten und ergänzen sich, sie gleichen Einseitigkeiten und Defizite aus, sie leben selbst in der Liebe, die sie verkünden. Ich sehe mein Team, meine Partnerinnen und Freunde, mit denen ich gemeinsam gesandt bin, und bete für sie und für mich.

• Das Vorgehen der 72 ist archaisch: barfuß und grußlos, hungrig, mit Gesten, die heilen und radikal Neues ankündigen, mit Drohungen, sobald sie abgewiesen werden. Ich erwäge, wie mein Auftrag Zeichen setzt, wie er pro-

---

40 Die Apostellisten sind nicht einheitlich. Simon der Zelot ist in anderen Listen erwähnt – man kann ihn hier ergänzen.

voziert. Ich bitte um Mut und Kraft und ein gutes Urteil darüber, was und wie ich arbeite.

• Die Jünger kehren voll Freude zurück. Sie haben ihre spirituelle Macht entdeckt. Ich bemerke die Wirkung meines Tuns. Ich vertraue darauf. Ich freue mich darüber. Ich danke.

Weinstock und Rebzweig (Joh 15,1–17)

• Der Rebzweig, der an einem Ende mit dem Weinstock verbunden bleibt, wird durchlässig für das Wasser und bringt am anderen Ende Frucht. Solange ich mit Christus verbunden bin, fließt sein Wirken gleichsam durch mich hindurch und bringt bei den Menschen Frucht. Ich bin eher passiv, aber durchlässig. Ich bitte, dass ich in ihm bleibe und Frucht trage.

• Ich soll und ich will lieben: Andere ganz annehmen, wie sie sind: vertrauend, zugewandt, helfend; gebend und empfangend. Die Gebote Gottes zu halten, hilft mir. Ich bitte, in Christi Liebe zu bleiben, von ihr erfüllt zu werden, sie weiterzutragen.

• Christus wählt uns, nicht als Knechte, sondern als Freunde: auf Augenhöhe, vertrauend, alles mitteilend, was er vom Vater empfing. Ich bitte um diese Freundschaft. Ich danke dafür.

Welchen Lohn? (Mt 20,1–16)

• Wer mehr arbeitet, erwartet einen höheren Lohn; das ist natürliche, menschliche Logik und moralisches Recht. Ich schaue meine Erwartung an.

• Am Ende des Tages bekommen alle gleich viel. Empöre ich mich über das Unrecht? Mein Narzissmus findet mich toll. Ich will herausgehoben werden, besser bezahlt, bewundert, geehrt.

• Gott rechnet nicht. Er verschenkt seine Gaben an alle in Fülle. Seine Gnade ist unteilbar. Wer im Leben wenig konnte oder wollte oder durfte, bekommt am Ende mehr. Im Himmel gibt es keine Verdienste, sondern alle schauen Gott in Seligkeit. Ich bitte um Großzügigkeit. Ich danke Gott für seine überfließende Gnade.

Der barmherzige Samariter (Lk 10,25–37)

• Kern des christlichen Daseins ist das Gebot, zu lieben: Gott ebenso wie den armen Nächsten. Ich richte meine Aktivitäten nach diesem Auftrag neu aus. Ich bitte darum zu lieben.

• Sobald sie den Elenden sehen, schauen die Amtsträger weg. Wann und wo schaue ich weg? Ich möchte umkehren und bitte um Hilfe.

• Nur der Samariter, ein Fremdling, hat Mitleid mit dem ausgeraubten und verletzten Gewaltopfer. Ich stärke mein Mitleid mit Armen und mit Opfern. Ich will mich einsetzen für Bedürftige und Leidende, ihnen dienen, auch wenn es mich vermutlich einen Preis kosten wird.

Gang auf dem Wasser (Mt 14,22–33)

• Die Welt ist in Krise, die Elemente toben, das Boot schwankt, die Jünger haben Angst und schreien. Ich schaue meine Ängste an und halte sie Gott hin.

• Jesus auf dem Wasser – ein Gespenst? Ich lasse mir zusagen: Fürchte Dich nicht. Petrus vertraut und geht los – das Wasser trägt! Vertrauen wirkt Wunder. Doch die Angst kommt zurück, und er sinkt. Jesus zieht ihn aus dem Wasser. Warum zweifelst Du? Ich bitte, vertrauen und losgehen zu können.

• Ich falle vor Jesus nieder und bekenne ihn als Sohn Gottes.

Petrus der Fels (Mt 16,13–20)

• Petrus hat verstanden, dass Jesus der Messias ist, und bekennt sich zu ihm. Von oben wurde es ihm offenbart. Ich danke für meinen Glauben, bekenne ihn und bitte, auf dem Glaubensweg zu bleiben.

• Petrus wird zum Leiter der Gruppe ernannt. Will ich Leiterin sein, mit Lust und Freude – oder auf keinen Fall? Bin ich verfügbar für Führungsaufgaben? Wie geht es mir mit meiner Verantwortung, sei sie groß oder klein? Ich bete um Hilfe dafür.

• Petrus erhält große Vollmachten. Mit ihnen soll er die Kirche leiten. Er wird großen Respekt vor dieser Aufgabe haben. Ich bitte um Respekt in allen Aufgaben, um die rechte Unterscheidung der Geister, um Segen.

Die Samariterin (Joh 4,1–42)

• Zur heißen Mittagszeit rastet Jesus am Brunnen, im Gebiet der unreinen Samariter. Gegen die Etikette bittet er die Frau, ihm Wasser zu schöpfen. Sie versteht nicht, dass er sie auf sein lebendiges Wasser aufmerksam machen will. Will ich nur mein irdisches Wasser schöpfen, anstatt mich von ihm mit himmlischem Wasser beschenken zu lassen?

• Jesus offenbart sich vor ihr – erstmals im Johannesevangelium – als der Messias. Bald wird er im Geist und in der Wahrheit angebetet werden, über die Grenzen der Konfessionen und Religionen hinaus. Der Glaube an den Messias wird universal. Ich öffne mich für die Weite und Größe des Glaubens.

• Die Frau erzählt im Dorf von Jesus. Viele kommen zum Glauben an ihn. Er ist der Retter der Welt. Ich staune und danke.

Der reiche Mann (Lk 18,18–30)

• Ein braver Jude war er, die Zehn Gebote hat er immer eingehalten. Jetzt will er mehr. Will ich über das brave, gutbürgerliche Christendasein hinaus einen neuen Schritt gehen, mehr wagen?

• Alles soll er verkaufen: Besitz und Leistung, Kompetenzen und Beziehungen, Status und Perspektive. Er fühlt sich überfordert, wendet sich ab. Der Blick Jesu trifft ihn: liebevoll und barmherzig, auch traurig; herausfordernd? Was kann ich leicht loslassen? Was fällt mir schwer? Was geht gar nicht? Jesus blickt mich an. Ich spreche mit ihm.

• Wer loslässt, erhält noch viel mehr: schon in diesem Leben, im kommenden Leben in Fülle. Ich mache mich arm und vertraue, dass ich reich beschenkt werde.

Die Verklärung Jesu (Mt 17,1–9)

• Auf dem Berg ist man dem Himmel nahe! Erinnere ich mich an begeisternde Bergerlebnisse? Jesus nimmt seine drei engsten Freunde mit. Das wunderbare Bild des verklärten Jesus bewegt und begeistert sie. Es ist eine Vorahnung von Ostern. Mein inneres Auge sieht den verklärten Herrn.

• Petrus will den visionären Moment festhalten mit drei Hütten. Ganz menschlich, wie er klammert. Will ich wichtige Erlebnisse fixieren? Aber die himmlische Stimme, die den Sohn bestätigt, ist viel wichtiger. Frei möchte ich einmalige Momente genießen – und dann loslassen. Ich bitte zu hören.

• Die Männer steigen ab und gehen in den Alltag zurück. Arbeit ist grau, mühsam. Vorerst verschweigen sie das Erlebnis – die Menschen können es noch nicht fassen. Ich möchte mich im Alltag bewähren und, wo sinnvoll, verschwiegen sein.

Die arme Witwe (Lk 21,1–4)

• Reiche geben etwas: tut nicht weh, beeindruckt die anderen, stärkt das moralische Bewusstsein. Ich schaue an, was ich und wie ich – der ich reich bin – von meinem Besitz gebe.

• Die arme Witwe gibt weniger, aber zugleich mehr, weil sie alles gibt, was sie hat. Ich sehe ihre Großzügigkeit und will ebenfalls großzügig geben.

• Sie gibt ihr ganzes Leben (so wörtlich übersetzt): nicht allein ihr Geld, sondern ihre Existenz. Ich sehe ihre Hingabe und Liebe. Ich bete für mich und für die Kirche.

Marta und Maria (Lk 10,38–42)

• Jesus kehrt in ein gastliches Haus ein. Ich erinnere mich, gastlich aufgenommen worden zu sein, und danke dafür. Ich sehe meine Gastfreundschaft für andere an und bitte, dass sie wachse.

• Marta ist die Kümmerin, immer besorgt, geschäftig. Muss sein. Gastlichkeit ist heilig. Sie ärgert sich über Maria. Finde ich Züge Martas in meinem Leben? Maria ist entspannt, hört einfach zu, nutzt die seltene Gelegenheit, beim Meister Wichtiges zu lernen. Welche Züge Marias finde ich in mir?

• Maria hat den guten Teil gewählt. Finde ich eine gute Balance zwischen dem aktiven und dem kontemplativen Leben? Soll ich dem guten Teil mehr Raum geben? Was hilft mir dazu?

Weitere Schrifttexte

Die Versuchung Jesu (Lk 4,1–13): Vor dem öffentlichen Auftreten macht Jesus Exerzitien, länger als 30, nämlich 40 Tage lang. Er geht in die Leere, fastet, stellt sich den Dämonen – dem Bösen in ihm und um ihn herum –, sucht Gott. Ich betrachte meine Motive, Exerzitien zu machen. Ich stelle mich nochmals ausdrücklich der Leere, dem Dunkel, der Sehnsucht, der Gottsuche. Ich bete um gute Exerzitien.

Alttestamentliche Berufungsgeschichten: Abraham bricht auf (Gen 12,1–4). Mirjam und die Frauen schlagen die Pauke und besingen den Sieg (Ex 15,20f.). Gideon zweifelt an seiner Berufung (Ri 6,11–24). Hanna betet verzweifelt und erhält einen Sohn (1 Sam 1,1–20). Am Horeb wird

Elija neu gesandt (1 Kön 19,1–16). Elija wirft den Mantel über Elischa (1 Kön 19,19–21). Jesajas Mund wird mit einer glühenden Kohle berührt (Jes 6,1–13). Jeremia findet sich zu jung (Jer 1,4–10). In einer Vision isst Ezechiel eine Buchrolle (Ex 2,1–3,15).

Weitere neutestamentliche Berufungsgeschichten: Petrus wird Menschenfischer (Lk 5,1–11). Der Sünder Matthäus wird gerufen (Mt 9,9–13). Bartimäus kann wieder sehen und folgt Jesus nach (Mk 10,46–52). Zachäus muss vom Baum steigen (Lk 19,1–10). Der Auferstandene sendet Maria von Magdala zu den Brüdern (Joh 20,11–18). Die zwei, die nach Emmaus wandern – nach alter Deutung vielleicht ein Mann und eine Frau –, erkennen Jesus beim Brotbrechen und eilen, ihn zu verkünden (Lk 24,13–35). Paulus wird vom Pferd geworfen (Apg 9,1–22).

Philipper-Hymnus (Phil 2,5–11): Christus entäußert sich, von ganz oben nach ganz unten, um dann wieder erhoben zu werden nach ganz oben. Ich schwinge mich ein in diese Bewegungen nach unten, ins Erdhafte, Schwere und Dunkle, und nach oben, in den Himmel, ins Leichte und Helle.

Ps 23 (oder ähnlich andere Psalmen) als Berufungstext: Gott der Hirte sorgt für mich und führt mich auf grüne Auen. Er schickt mich durch die finstere Schlucht, aber ich brauche mich nicht zu fürchten, denn er schützt mich. Er deckt mir vor meinen Feinden den Tisch.

Rückkehr und Ausruhen (Mk 6,30–32): Müde kehren die Jüngerinnen und Jünger von der Arbeit zurück. Jesus führt sie an einen ruhigen Ort zum Ausruhen und zum

Gespräch. Nach der Arbeit darf ich ruhen und mich stärken im Kreis der Geschwister.

Im Folgenden einige Übungen zu zentralen *Tätigkeiten* Jesu. Um Jesus mehr zu lieben und ihm mehr nachzufolgen (EB 104), kann der Exerzitant jene Tätigkeiten Jesu betrachten, die für ihn passen. *In Christus* – wie Paulus häufig betont – wird er mehr leben und mehr für andere wirken.

Jesus heilt (Mk 5,24–34): Bisweilen weiß Jesus nicht einmal, dass heilende Kräfte von ihm ausgehen. Die blutflüssige Frau braucht nur sein Gewand zu berühren. Ich bitte, an den heilenden Kräften Jesu Anteil zu bekommen: für viele Menschen, für Seele und Leib.

Jesus nährt (Joh 6,1–13): Mit Hungernden hat Jesus Mitleid. Wunderbar kann er Brot vermehren und die Menschen nähren. Ich bitte, dass ich mit Jesu Kraft Menschen nähren kann, an Leib und Seele. In der anschließenden Rede spricht Jesus über das himmlische Brot. Die Eucharistie wird zum Symbol der nährenden Gnade Gottes. Ich lasse mich von der Eucharistie beschenken und schenke die in ihr empfangene Gnade weiter.

Jesus betet (Mk 1,35): Immer wieder zieht Jesus sich zum Gebet zurück, oft allein und in der Nacht, auch wenn viele Menschen ihn suchen. Ich bitte, in sein inniges Gebet hineingenommen zu werden. Ich überlege, wie ich im Alltag meine Gebetsinseln schützen kann – gegen alle Verpflichtungen, allen Arbeitsdruck, alle Zerstreuungen. Ich bitte, inniger und fruchtbarer zu beten.

Jesus predigt (Mt 5–7): Jesus kündigt das Reich Gottes an mit Vollmacht und mit Kraft. Immer wieder predigt er mit klugen und deutlichen Worten, provokant das Falsche und Böse benennend, zugleich tröstend und heilend. Ich bitte, im rechten Moment das rechte Wort zu finden. Ich bitte, die göttliche Wahrheit gut zu bezeugen.

Jesus reinigt den Tempel (Mk 11,15–19): Unheilige Geschäfte im heiligen Tempel: Jesus empört sich, wird zornig, ja aggressiv. Mit einer Zeichenhandlung greift er ein. Ich darf mich empören, darf aggressive Kräfte zulassen. Ich bitte: dass mein Zorn nicht egozentrisch oder angstgeleitet sei, sondern ein heiliger Zorn; dass ich Widerstand ertrage; dass mein Handeln wirke.

Nun einige Übungen zu den drei evangelischen Räten, sowohl für jene, die sie ausdrücklich und mit Gelübden leben, als auch für alle Frauen und Männer, die Christus nachfolgen – diese Räte sind Grundmomente jeder christlichen Existenz.

Evangelischer Rat der Armut (Mt 10,8b): Es geht weniger um Verzichte oder gar um Not, sondern um das Umsonst, das Gratis, das Gnadenhafte: Umsonst habe ich empfangen, umsonst gebe ich zurück (Lk 10,8). Ich klebe an nichts, habe keine Angst um mich, bin frei, großzügig, voller Hingabe und Liebe. – Alternativ kann ich betrachten: Sorgt Euch nicht (Mt 6,25–34). Schatz und Perle (Mt 13,44–46). Die rechten Gäste (Lk 14,12–14). Der arme Lazarus (Lk 16,19–31). Auf allen Besitz verzichten (Lk 12,33–34). Die Urgemeinde (Apg 2,42–47; 4,32–37).

Evangelischer Rat der Keuschheit (Lk 18,28–30): Es geht weniger um den Verzicht auf aktiv gelebte Sexualität, sondern um freilassende Nähe und Distanz im Miteinander der Geschlechter, um wirkliche Beziehung. Diese ist immer ein Empfangen und Geben – sowohl in der Ehe wie außerhalb ihrer. Petrus hat seine Familie in Freiheit verlassen, aber er erhält schon in diesem Leben Vielfaches zurück und in der kommenden Welt das ewige Leben. – Alternativ kann ich betrachten: Unkeuschheit beginnt im Herzen (Mt 5,27f.). Ehelos um des Reiches Gottes willen (Mt 19,12). Maria von Magdala darf den Auferstandenen nicht festhalten (Joh 20,11–18). Der Leib als Tempel des Heiligen Geistes (1 Kor 6,12–20). Christliche Stände (1 Kor 7). Werke des Fleisches und Frucht des Geistes (Gal 5,13–26).

Evangelischer Rat des Gehorsams (Mt 6,10): Es geht weniger darum, sich Regeln zu unterwerfen oder Befehle auszuführen, sondern darum, auf eine Stimme zu horchen – daher „gehorchen". Indem ich mehr ins Hören komme, mich offener und verfügbarer mache, erkenne ich mehr den Willen Gottes, der meinem Willen, sofern ich diesen auf Gott hin ordne, nicht entgegensteht, sondern ihn erfüllt. Weil Gott nur Gutes will, kann ich beten: Dein Wille geschehe. Weil ich vertraue, lasse ich mich in ein Ganzes einbinden und senden. – Alternativ kann ich betrachten: Zieh fort (Gen 12,1–4). Höre Israel (Dtn 6,4–5). Meine Speise ist es, den Willen dessen zu tun, der mich gesandt hat (Joh 4,34). Nicht herrschen, sondern dienen (Mk 10,42–45). Gehorsam bis zum Tod (Phil 2,5–11). Lass den Kelch an mir vorübergehen; aber nicht wie ich will, sondern wie du willst (Mt 26,39).

Eure Rede sei: Ja, ja, nein, nein (Mt 5,37): Ich soll nicht falsch schwören, nichts versprechen, was ich nicht halten kann, nichts hinbiegen, nicht tricksen; sondern ehrlich und wahrhaftig reden, nur Aussagen machen, hinter denen ich stehe, Versprechen einhalten. Wenn ich in diesen Exerzitien etwas gewählt und damit Ja gesagt habe, bleibe ich bei diesem Ja zum Gewählten und ebenso beim Nein zu jenem, was ich nicht wählte – vielleicht muss ich das Abgewählte ausdrücklich betrauern und verabschieden. Ich bitte um Klarheit, Mut und Entschiedenheit, um Beständigkeit und Treue.

Kreuzesnachfolge (Mt 16,21–28): Soeben zum Fels ernannt und mit Vollmachten ausgestattet, muss Petrus sich das harsche Wort vom Kreuz anhören. Er empört sich. Spontan erklärt er, er werde das Grauen verhindern – und handelt sich dafür eine Abfuhr ein. Am Ende der Zweiten Woche blicke ich schon auf die Dritte Woche vor: Nachfolge führt in Krisen und Konflikte, in Verfolgung und vielleicht in den Tod. Ich verstehe das nicht gleich, wehre mich, möchte aber der Herausforderung nicht ausweichen.

11. Dritte Woche

Ziel und Bitte

Noch einmal schaut der Exerzitant auf die dunklen Seiten des Lebens. In der Ersten Woche blickte er lebensgeschichtlich zurück und mehr auf sein inneres Dunkel als Täter und Opfer des Bösen mit der Bitte, Vergebung und Heilung zu erlangen. Jetzt in der Dritten Woche blickt er nach vorne und auf das Übel, das anderen und ihm selbst zugefügt wird, mit der Bitte, dass er es ertragen kann und dass es fruchtbar werde.

Drei Ziele hat das Üben dieser Dritten Woche:

- Zunächst sieht der Exerzitant auf Jesus – die Freundschaft zu ihm hat sich in der Zweiten Woche verstärkt. Jesus wird verfolgt und leidet und stirbt. Der Exerzitant leidet mit ihm mit, so wie Freunde einander im Leiden begleiten und stützen. Diese Solidarität unter Freunden ist nicht Mittel für ein anderes Ziel, sondern selbst ein Ziel menschlichen Miteinanders.

- Zum Zweiten blickt die Exerzitantin auf ihren in der Zweiten Woche gewählten oder erneuerten Weg der Nachfolge, der sie jetzt schon oder möglicherweise künftig in Situationen der Verfolgung, des Leides und des Sterbens führt. Sie schaut diesen Weg mit Bangen an und mit der Hoffnung, dass sie verschont werde, aber zugleich mit der Bitte, dass sie ihn mit Blick auf Jesus tragen kann und dass er sich – so wie der Weg Jesu es war – in irgendeiner Weise als sinnvoll und fruchtbar erweise.

• Schließlich sieht sie auf viele Menschen, die unschuldig verfolgt werden und leiden und sterben. Sie leidet empathisch mit ihnen mit und zeigt sich ihnen – wie Gott selbst es uns in Christus vormacht – solidarisch. Sie überlegt, wie sie sich, Christus nachfolgend, in dieser „Option für Arme“ konkret engagieren wird.

Sie bittet um das, was sie begehrt (vgl. EB 193, 203): *Barmherziger Gott, lass mich Schmerz verspüren über das Leiden Jesu und über die Leiden so vieler unschuldiger Menschen in dieser Welt. Hilf mir, Leidende zu begleiten, mit ihnen zu weinen und sie zu trösten. Gib mir Kraft und Mut, Leiden zu ertragen: das der Menschen und auch mein eigenes, wenn es mich treffen sollte. Schenke mir die Energie, mich gegen Böses zu engagieren, wo es möglich und wirksam ist, und Leiden anzunehmen, wo es unausweichlich ist, und verleihe mir die Klugheit, das eine vom anderen zu unterscheiden. Lass das Leiden Deines Sohnes und das Leiden vieler Menschen Frucht bringen gegen das Böse. Amen.*

Gebetsweisen

Der Exerzitant kann langsam und meditativ die ganze Passion lesen, nach einem der vier Evangelien. Der Bericht als ganzer, in seiner Länge und Dichte, wird ihn bewegen, ja erschüttern und aufrütteln. Nach dieser Lektüre wird er einzelne Perikopen oder Worte, die ihn stark ansprechen, herausgreifen und sie nach der üblichen Weise länger betrachten, sie erwägen und erspüren und meditieren, die Worte wiederholen und mit dem Atem sprechen.

Wer Exerzitien macht, mag Jesu Passion in der Perspektive Marias mitgehen: Sie ist, so dürfen wir annehmen, beim letzten Mahl dabei; sie begleitet ihren Sohn von fern auf seinem letzten Weg; sie steht unter dem Kreuz

(Joh 19,25–27); sie ist dabei, als der Leichnam vom Kreuz abgenommen wird (EB 298). In Marias Perspektive fühlt die Exerzitantin eine große emotionale Nähe zum Geschehen. Anstelle Mariens kann die Exerzitantin auch eine andere Person wählen: Judas, der Jesus verrät und dann bereut; Petrus, der ihn verleugnet; Simon von Zyrene, der ihm hilft, das Kreuz zu tragen; Veronika, die ihm nach der Legende ein Schweißtuch reicht; Johannes, der mit der Mutter Jesu unter dem Kreuz steht; die beiden Schächer, von denen einer ihn bekennt, der andere nicht; Josef von Arimathäa, der den Leichnam Jesu bestattet.

Eine alte Meditation ist die der sieben letzte Worte Jesu:
Vater, vergib ihnen, denn sie wissen nicht, was sie tun (Lk 23,34).
Amen, ich sage Dir: Heute noch wirst Du mit mir im Paradies sein (Lk 23,43).
Frau, siehe, Dein Sohn! Siehe, Deine Mutter! (Joh 19,26f.).
Mich dürstet (Joh 19,28).
Es ist vollbracht! (Joh 19,30).
Mein Gott, mein Gott, warum hast Du mich verlassen? (Mk 15,34).
Vater, in Deine Hände lege ich meinen Geist (Lk 23,46).
Als achtes Wort kann man den Todesschrei Jesu (Mk 15,37) hinzufügen.

Für jedes Wort kann man den Kontext bedenken, man kann bei ihm verweilen, es laut gesprochen hören oder es selbst laut sprechen, es mit dem Atmen wiederholen, es in seiner Tröstung oder in seiner Düsternis wirken lassen, es beten.

Klassische Gebete, die mit der Passion Jesu verbunden sind, führen in das Geheimnis des Kreuzes tiefer ein:

etwa das „Seele Christi" (*Anima Christi*), eine Kreuzwegandacht, die Litanei vom Leiden Jesu.[41] Man kann vor einem Kruzifix beten oder vor einer Darstellung der Pietà.

Als Übung des Karsamstags kann die Exerzitantin sich im Geist vor das verschlossene Grab Jesu setzen und in sich der Trauer und der Armut, der Leere und dem Schweigen, dem Warten Raum geben. Sie macht nichts, hört auf ihren Atem, kann vielleicht ein in ihr aufsteigendes Gebetswort wiederholen, erträgt die Stille und das Nichts, schätzt sie zugleich, schaut nur auf Gott.

Mancher Exerzitant wird in dieser Dritten Woche vorausblickend sein Sterben und seinen Tod betrachten: wie er seinen letzten Weg geht, sich von lieben Menschen verabschiedet, sich mit Unversöhntem versöhnt, alles, was er empfangen hat, in die Hände Gottes zurückgibt, sich gleichsam nackt und leer vor das Angesicht Gottes stellt und sich vertrauend in seine Barmherzigkeit fallen lässt. Er bittet um ein erfülltes Lebensende und um einen schmerzfreien, guten Tod. Er betet für die, die er zurücklässt. Er dankt für sein Leben. Er bittet, in Gottes Herrlichkeit aufgenommen zu werden.

Betrachtungen

Einige Szenen der Passion seien hier vorgestellt, meist nach dem Markusevangelium. Viele andere eignen sich ebenfalls zur Betrachtung. Wenige alttestamentliche, auf die Passion vorausweisende Betrachtungen seien ergänzt.

41 Katholisches Gesangbuch Gotteslob (2013) Nr. 6,4; 683; 563.

Der Einzug in Jerusalem (Mk 11,1–10)

• Jerusalem ist erregt und, wenige Tage vor Pesach, in Feststimmung. Obwohl bedroht, geht Jesus zur heiligen Stadt – weil er seinen Auftrag spürt. Er lässt ein Fohlen holen, Symbol seines messianischen Anspruchs. Auf ihm reitend, zieht er in seine Stadt ein (vgl. Sach 9,9).

• Die Menge ruft Hosianna und huldigt ihm als dem Messias. Wenige Tage später wird sie schreien: Kreuzige ihn! Stimmungen von Massen kippen schnell, können tödlich werden.

• Jesus weiß wohl, was ihn erwartet. Mit welchen Gefühlen zieht er ein? Ich bete mit allem, was mir in den Sinn kommt. Mutig möchte ich ihn auf diesem Weg begleiten.

Fußwaschung (Joh 13,1–30)

• Ein Mahl findet statt, wohl noch nicht das Pesachmahl. Jesus übernimmt den Sklavendienst des Fußwaschens. Indem er die übliche soziale Hierarchie auf den Kopf stellt, provoziert er – für das Reich Gottes ein Zeichen, uneingelöst bis heute, in Kirche und Welt.

• Petrus wehrt sich, verständlicherweise, muss das Tun Jesu aber zulassen, um Anteil an ihm zu bekommen. Nur das gegenseitige Dienen ermöglicht Teilhabe und Beziehung. Was fällt mir schwerer: selbst anderen niedrige Dienste zu erweisen oder mich von ihnen niedrig bedienen zu lassen? Ich bitte, dass ich beides lerne, im rechten Maß.

• Jesus kennt den Verräter und weist auf ihn hin. Er ist erschüttert, verhindert aber nicht diese Tat eines Jüngers – tiefer kann man kaum enttäuscht und gedemütigt werden in Freundschaften. Ich sehe, wo ich verraten oder hintergangen wurde, sehe auch auf künftige Enttäuschungen und bete für alle Verräter und für mich.

Eucharistie (Mk 14,17–25)[42]

• Historisch war dieses Mahl wohl ebenfalls nicht das Pesachmahl, aber nach der Erzählung stellt sich Jesus ausdrücklich in diese Tradition. Wieder weist Jesus auf den Verräter hin. Abschiedsstimmung, auch Zweifel und Angst beherrschen die Gruppe. Ich setze mich zur Gruppe an den Tisch und spüre der Atmosphäre nach.

• Brot und Wein deutet Jesus als Zeichen seiner Lebenshingabe und seiner späteren Präsenz unter uns Christen. Im Vergießen des Blutes entsteht ein Bund und liegt eine Heilswirkung – denn Jesus vergießt es *für viele*. Ich spüre diesem geheimnisvollen *Für* nach: für mich, für viele, für alle[43]. Das *Für* wird zu einem Schlüssel meiner Passionsbetrachtungen. Ich bitte darum, es mehr zu verstehen und anzunehmen.

• Ich betrachte die Eucharistie als bleibendes Zeichen der heilenden und rettenden Hingabe Jesu. Meine Beziehung zur Eucharistiefeier ist vielleicht sehr innig – oder ist sie schwierig? Ich bitte darum, mehr in dieses Sakrament hineinzuwachsen und in Christus zu leben. Ich bete für die

---

42 Ignatius bindet Fußwaschung und Eucharistie in eine Übung zusammen (EB 191; 289); nach dem Ideal der „Evangelienharmonie" soll es ein Letztes Mahl gewesen sein. Wer die Übung so macht, betont die Verbindung beider Themen. Wer die Themen auf zwei Übungen verteilt, geht biblischer voran, und er gibt den beiden gewichtigen Themen mehr Raum.

43 Im Hebräischen meint „viele" durchaus *alle* – daher heißt es in der Liturgie der Kirche zu Recht „für alle".

Kirche, dass sie ihre Praxis der Eucharistie erneuert und aus ihr lebt.

Getsemani (Mk 14,32–42)

• Jesus weiß, dass er grausam getötet werden wird. In der Nacht betet er am Ölberg, voller Angst, inständig, stundenlang. Die Jünger sind müde und frustriert. Mehrmals ignorieren sie seine Bitte mitzubeten und geben sich dem Schlaf hin.

• Jesus betet zum Vater: Nimm diesen Kelch von mir! Aber nicht was ich will, sondern was Du willst. Jesus will das Kreuz nicht und sagt dies nachdrücklich. Aber er nimmt es gehorsam an, wenn der Vater es ihm – unergründlich, düster – zumutet. Ich darf bitten, von Kreuzen verschont zu werden. Kann ich mich zur Bereitschaft vortasten, dennoch den oft dunklen Willen Gottes anzunehmen? Ich bete um Wachheit, um Hingabe, um die rechte Haltung zum Kreuz.

• Als die Stunde da ist, geht Jesus entschlossen und mutig weiter.

Jeremia hadert (Jer 20,7–18)

• Im Auftrag Gottes kritisiert der Prophet Korruption, Gewalt und Gotteslästerung und kündigt dafür Unheil an. Die Mächtigen hören das nicht gerne, verspotten und verleumden ihn und werfen ihn in die Zisterne. Jeremia hadert mit Gott: Du hast mich betört, oh Herr, und ich ließ mich betören[44].

---

44 Das hebräische Wort für „betören“ ist sinnlich-stark; es wird auch für sexuelle Verführung gebraucht.

• Jeremia will weglaufen, aber es brennt ein Feuer in ihm. Kenne ich den Drang, aus Frustration alles hinzuwerfen, und dennoch zieht mich der Auftrag? Ich spüre dem Zwiespalt nach, halte ihn Gott hin, bitte um die rechte Treue und um Hilfe.

• Im Angesicht Gottes verflucht Jeremia den Tag, an dem seine Mutter ihn gebar – ungeheuerlich in damaliger Kultur. Wir dürfen fragen und hadern, auch schimpfen und fluchen. Doch dann ist Jeremia wieder zuversichtlich. Auch dieser Umschwung darf sein. Ich bete für verfolgte Christen.

Petrus verleugnet Jesus (Mk 14,53–72)

• Jesus bekennt vor dem Hohepriester, dass er der Messias ist – wohl wissend, dass er damit die Todesstrafe riskiert. Petrus schleicht Jesus hinterher, nur von Weitem, anonym bleibend. Ich bewundere den Mut und die Stärke Jesu. Würde ich wie Petrus handeln?

• Petrus verleugnet Jesus dreimal. Ich empfinde seinen Wunsch, unerkannt zu bleiben, nach, sein Zögern und Zittern, seine Todesangst. Wann und wie stehe ich öffentlich zu meinem Glauben?

• Jesus hat ihm die Verleugnung vorhergesagt. Der krähende Hahn erinnert Petrus daran. Er erschrickt über sein Versagen und weint bitterlich. Kann ich weinen über meine Angst und Feigheit?

Der leidende Gottesknecht (Jes 52,13–53,12)

• Im fünften Jahrhundert vor Christus beschreibt Jesaja einen Knecht Gottes: Ist er ein einzelner Mann? Oder das

Volk Israel? Oder der ersehnte Messias? Der Text bleibt für mehrere Deutungen offen. Ein Schmerzensmann ist dieser Knecht, gequält und erniedrigt. Schweigend erträgt er alle Pein, wie ein Lamm, das man zum Schlachten führt. Ich sehe in diesem Text Jesus und alle gequälte Kreatur.

• Unsere Krankheit trägt der Knecht Gottes, unsere Schmerzen lädt er auf sich, wegen unserer Vergehen wurde er durchbohrt. Schon in diesem alten Text das eigenartige *Für*: Er leidet für andere und wirkt damit für sie Heil. Durch seine Wunden sind wir geheilt. Ich betrachte die sühnende Wirkung der Passion Jesu,[45] mag es mir auch schwerfallen, sie zu verstehen und sie anzunehmen.

• Unschuldig muss er sterben, wird bei Frevlern begraben. Doch am Anfang des Textes wird sein Erfolg vorausgesagt: Er wird sich erheben und sehr hoch sein. Der Karfreitag ist nicht das Ende, sondern Durchgang zu Ostern. Ich bleibe noch im Dunkel, wissend um das bald kommende Licht.

Der Tod Jesu (Mk 15,33–41)

• Dramatisch wird der Tod Jesu geschildert. Jesus fühlt sich einsam, ganz von den Menschen und von Gott verlassen. Ich fühle mich ein in seinen Zweifel und seine Ohnmacht, seinen Schmerz und seinen Schrei. Ich möchte ausharren mit ihm in seiner letzten Stunde.

• Angesichts seines Todes wird der römische Hauptmann, ein Heide, gläubig. Kann ich diesen Schritt mitgehen? Ich bitte darum, gläubiger zu werden.

---

45 Näheres vgl. Kiechle (2021), 112–116.

• Die feigen Männer waren alle geflohen. Einige mutige Frauen bleiben in der Nähe, präsent, wartend, betend. Ich bleibe mit ihnen beim Kreuz und bete.

Jesu Gebet am Kreuz (Ps 22)

• Als frommer Jude kennt Jesus viele oder alle Psalmen auswendig. Am Kreuz hängend betet er Ps 22. Ich bete langsam, meditativ den ganzen Text. Vielleicht lerne ich ihn ganz oder in Teilen auswendig.

• Von Gott fühlt sich der Beter verlassen. Er wird verachtet, ist von Bösen umringt, zerfließt, liegt im Staub des Todes. Und doch hält er fest an Gott, fleht ihn an, vertraut auf ihn, lobt ihn.

• Einzelne Verse kann ich atmend wiederholen. Ich kann meinen persönlichen Ps 22 schreiben. Ich kann mit eigenen Worten das Leid Jesu, mein Leid oder das Leid vieler Menschen Gott hinhalten.

Weitere Schrifttexte

Hass der Welt (Joh 15,18–16,4a): Das Johannesevangelium grenzt die *Welt*, die Christus ablehnt, deutlich von der Sphäre der Christen ab. Jesus warnt die Jünger eindringlich vor dem Hass der Welt: Wie es ihm auf seinem Kreuzweg ergangen ist, wird es den Jüngern ergehen. Seine Worte trösten die junge, verfolgte Christengemeinde. Trösten sie auch mich, wenn ich angefeindet werde? Ich bete für meine Wege und für die verfolgten Christen in aller Welt.

Der Weltenrichter (Mt 25,31–46): Solidarität mit Armen und Verfolgten ist das Einzige, was im Endgericht zählt.

Christus, wenn er wiederkommt, schaut nicht auf böse Taten und bestraft sie, sondern er schaut auf gute Taten: Wer Hungrigen zu essen und Durstigen zu trinken gibt, Fremde aufnimmt und Nackte kleidet, Kranke besucht und zu Gefangenen geht, tut nicht nur diesen Armen Gutes, sondern in ihnen auch dem armen, leidenden, gekreuzigten Jesus – er wird das Reich erben.

Aus der Tiefe rufe ich (Ps 130): Dieser Psalm wird seit alters her auf die Passion Jesu und auf alles Sterben bezogen. Aus den Tiefen ihres Sterbens ruft die Beterin zu Gott: Sie harrt auf Gott wie die Nachtwächter auf den Morgen. Gott möge ihre Sünden nicht beachten. Sie vertraut, bei ihm Erlösung in Fülle zu finden. Ich bete mit meinem Sterben, mit dem Sterben mir lieber Menschen, mit dem Sterben Jesu.

Du überlässt mich nicht der Totenwelt (Ps 16): Dieser spät geschriebene Psalm drückt erstmals aus, wie Israel die Auferstehung erhofft. In der Kirche wurde der Text zum Karsamstagspsalm: Wie Christus wird der Tote nur eine Zeitlang in der Unterwelt bleiben, in der Grube oder Gruft, danach wird er neu leben und sich der Fülle Gottes erfreuen. Mit den Betern der Jahrtausende gebe ich meiner Hoffnung auf neues Leben Raum. Ich freue mich und preise Gott.

Ich ergänze … (Kol 1,24): Der Apostel freut sich an seinen Leiden, weil er mit ihnen ergänzt, was an den Leiden Christi noch fehlt für die Kirche. Der etwas kryptische und dennoch berühmte Satz nimmt wieder das sühnende *Für* des Kreuzes Jesu auf, in das sich die Apostolin in der Nachfolge Jesu hineinziehen lässt: Durch ihr Leiden *er-*

gänzt sie, was fehlt. Kann ich mich diesem eigenartigen Gedanken des Mitsühnens nähern? Auch mein Leiden – liebevoll mit Jesus, für die Menschen – hat in irgendeinem Sinn tröstende und heilende Wirkung. Ich bete, dass Leiden nicht nur als sinnlos, sondern auch als fruchtbar erfahren und am Ende verwandelt werde in Freude.

Christus als den Gekreuzigten verkünden (1 Kor 1,18–25): Paulus verkündet nicht eine allseits gefällige Weltweisheit, sondern das Ärgernis und die Torheit des Kreuzes. Er macht sich damit lächerlich und unbeliebt, aber Gottes Torheit und Schwäche sind stärker. Was irdisch anscheinend logisch ist und plausibel, funktional und vernünftig, wird von Christus *durchkreuzt*. Hab ich den Mut, das Kreuz zu bekennen – und es zu leben? Ich bitte, in der Liebe und Hingabe zu wachsen.

12. Vierte Woche

Ziel und Bitte

Nach dem Dunkel der Dritten Woche nun der Durchbruch zum österlichen Licht. Vermutlich kann man die Vierte Woche nur dann wirklich erfahren, wenn man vorher wenigstens anfanghaft die Dritte Woche durchlitten hat: ohne Sterben keine Auferstehung. Das gebrochene Herz wird zum ganzen Herzen.

Die Exerzitantin erfährt – das ist das vorrangige Ziel der Vierten Woche –, was Freude und Freiheit, Liebe und Friede in Gott für sie in diesem Leben bedeutet und was sie im kommenden Leben erwarten darf. Diese Erfahrung ist anfanghaft, sie scheint nur kurz immer wieder auf und bleibt brüchig, aber zugleich ist sie solide und tragend, sie wird stetig stärker, und sie weckt bleibende Hoffnung.

Die Exerzitantin öffnet sich außerdem neu für das Miteinander mit anderen Christen, denn nur in Beziehung – also in letztlich kirchlicher Gemeinschaft – erfährt sie das erneuerte Leben.

Weiterhin wird sie darum bitten, dass ihre in der Zweiten Woche getroffene Wahl oder ihre erneuerte Lebensweise bestätigt werde und dass sich das, was sie entschieden hat, umsetze und es Wirklichkeit werde.

Am Ende verabschiedet sie sich aus dem Schweigen der Exerzitien und wird zur Apostolin. Sie verlässt ihren Rückzugsort, geht hinaus ins Weite, wird zur Dienerin anderer Menschen oder begeistert sie für den Weg mit Christus.

Sie bittet um das, was sie begehrt: *Großer Gott, Du hast uns die Schuld vergeben. Du heilst und befreist und erlöst uns von allem Übel. Der Auferstandene zeigt uns, dass Du neues Leben schenkst, durch alles Sterben und allen Tod hindurch, jetzt schon in dieser Zeit und später in Ewigkeit. Ich danke Dir von Herzen dafür. Lass mich österliche Freude erfahren, zusammen mit Christus, mit den Jüngerinnen und Jüngern, mit meinen Mitgläubigen und mit der ganzen Kirche. Sende mich zu den Menschen und lass mich so mitwirken an Deinem Werk. Stimme Du in mir österlichen Jubel an. Lass mich eingehen in Deine Herrlichkeit. Amen.*

Gebetsweisen

Die Osterfreude kann der Exerzitant nicht herstellen; sein Gefühlsleben soll er nicht zu manipulieren versuchen, um sie zu bekommen. Freilich wird er äußere Umstände schaffen, die erleichtern, dass seine innere Freude wächst: Licht ins Zimmer lassen, gut schlafen, nicht mehr fasten, sondern im guten Maß genießen, sich Frohmachendes ins Gedächtnis rufen – all das empfiehlt Ignatius (EB 229). Der Exerzitant wird tun, was ihm guttut, an Leib und Seele, und im Gebet wird er Gott danken und ihn preisen. Wenn die freudigen Emotionen blockiert sind, wird er geduldig warten und den Herrn um österlichen Glauben und um Freude bitten (EB 221). Wenn ihn Leid niederdrückt, wird er dieses Gott hinhalten, er wird um Erlösung bitten und darum, dass seine Tränen in Freudentränen verwandelt werden.

Die Natur ist eine große Lehrmeisterin der Gnade und Freude Gottes: Die Exerzitantin wird hinausgehen und sich im Winter an der wärmenden Sonne, im Sommer am kühlenden Wald erfreuen (vgl. EB 229), an Blüten und an Bäumen, an Wasserläufen und an Landschaften. Durch Schauen und Staunen über die Wunderwerke der Natur öffnet sich ihre Seele und findet, so es ihr gegönnt wird, zu österlicher, ja mystische Freude.

Neben den Schriftbetrachtungen der Vierten Woche ist es gut, die eine oder andere Übung aus dem Prinzip und Fundament und aus der Zweiten Woche zu wiederholen: solche, die den Exerzitanten in Dank und Freude führten, solche, die ihn entdecken ließen, woher er berufen und wohin er gesandt ist – im österlichen Licht wird er seine Sendung nochmals sehen und sie vielleicht mehr konkretisieren.

Ignatius lässt – auch wenn die Bibel dies nicht erzählt – ausführlich betrachten, wie der Auferstandene zuerst Maria, seiner Mutter, erscheint (EB 218–225; 299).[46] Die Exerzitantin wird in dieser Phantasie-Übung die Innigkeit der Mutter-Sohn-Beziehung nachempfinden und die Freude dieser österlichen Begegnung. Wichtig ist der vierte Punkt (EB 224) der Übung: Der Auferstandene tröstet Maria, und er bringt ihr „das Amt zu trösten"; gemeint ist nicht ein hierarchisches Trösten, von oben nach unten, sondern „wie Freunde einander zu trösten pflegen", also auf Augenhöhe, gegenseitig sich zuwendend, innig. Der erwähnte Trost meint durchaus die Fülle des ignatianischen Trostbegriffs, wie er in der Unterscheidung der Geister grundgelegt ist (EB 316) – hier wird er für die Exerzitantin österlich entfaltet. Auch übt der Auferstandene das „Amt zu trösten" nicht nur selbst Maria gegenüber aus, sondern er beauftragt sie damit – vielleicht wird

46 Ignatius übernimmt diese Übung aus der Tradition vor ihm und rechtfertigt sie damit, dass es sich für den Sohn ja gehöre, zuerst „in Leib und Seele seiner gebenedeiten Mutter" (EB 219) zu erscheinen. Davon würde die Bibel zwar nichts berichten, aber wer Verstand hat, solle es für gesagt halten (EB 299).

auch für die Exerzitantin die Weitergabe empfangenen Trostes zur Lebensaufgabe.

Ein Höhepunkt der Vierten Woche und der ganzen Exerzitien ist die „Betrachtung, um Liebe zu erlangen" (EB 230–237).[47] Sie wird nicht für alle Exerzitanten passen, jedoch für viele, und durchaus in der Form, die das Exerzitienbuch vorgibt. Der Exerzitant wird aus den vier Punkten je eine einstündige Übung machen. Oder er nimmt alle vier Punkte in eine Übung, eventuell wiederholt er diese mehrmals. Aus verschiedenen Blickwinkeln staunt er jeweils neu über die Fülle der Gaben, die er von Gott empfing, und bietet an, sie und alles und sich selbst zurückzugeben. Das Hingabegebet (*Suscipe* …; EB 234b) wird zum Grundgebet seiner Nachfolge. Er entdeckt die Liebe als Geben und Empfangen, besser noch als Empfangen und Geben, und mehr in den Werken als in den Worten (EB 230f.). Er sieht und verspürt diese Liebe, die von Gott ausgeht, und immer mehr lebt er sie. Eventuell passt die Übung schon früher auf dem Exerzitienweg, etwa im Prinzip und Fundament oder in der Zweiten Woche.

Einige Übungen der Vierten Woche haben eine Nähe zu den oben erwähnten kontemplativen Gebetsweisen, in denen man schweigend auf den Auferstandenen oder auf Gott schaut, eventuell mit einem stetig wiederholten Gebetswort. Behutsam und schrittweise kann man sich auch in diesen Gebetsweisen einüben, vielleicht sie mit dem Betrachten der Schrift verbinden. Manche Christen kommen mit ihnen im Alltag leichter ins regelmäßige Beten als mit der Schriftbetrachtung.

47 Zu ihrer wichtigen Theologie vgl. Kiechle (2021) 138f.

Betrachtungen

Das leere Grab (Mk 16,1–8)

• Leichname zu salben und Tote zu begraben, ist Ehrenpflicht im Judentum. In abgründiger Trauer gefangen, wollen die Frauen diesen Dienst gleich am ersten Werktag nach Pesach erfüllen. Sie erschrecken über den weggewälzten Stein und das leere Grab. Ich empfinde ihre Trauer und ihren Schrecken nach.

• Die Worte des weißgekleideten Mannes – ein Engel? – beruhigen sie nicht. Sie fliehen, gepackt von Entsetzen. Oft bin ich nicht fähig, auf den Engel meines Lebens zu hören, und laufe davon.

• Langsam keimt in ihnen eine Ahnung, was geschehen sein könnte. Bis die Ahnung sich zur Gewissheit, zum Glauben und zur Freude wandelt, wird es dauern. Ich lasse mir Zeit, zur Osterfreude zu gelangen. Gott schenkt sie mir, wann und wie er will und sie für mich passt.

Der Wettlauf zum Grab (Joh 20,1–10)

• Maria von Magdala berichtet den Jüngern vom leeren Grab, aber diese glauben ihr nicht – weil sie Frau ist? – und laufen selbst los, um nachzusehen.

• Nach einer alten Deutung verkörpert Petrus das kirchliche Amt: Er ist alt, läuft langsam, ist behäbig, vielleicht misstrauisch; nach der Ankunft prüft er zuerst genau die Fakten und beschreibt diese in fast buchhalterischem Ton. Johannes hingegen verkörpert die Liebe: Er ist jung, läuft schnell, ist im Innern bewegt und reagiert spontan, lässt freilich vor dem Grab respektvoll dem Alten den Vortritt,

tritt nach ihm ein – und sieht und glaubt. Die Liebe erfasst intuitiv, was ist, und vertraut und hofft sogleich. Bin ich mehr ein Petrus oder mehr ein Johannes? Ich bitte um Liebe und um österlichen Glauben.

• Um allerdings zu verstehen, was ist, brauchen beide noch Zeit. Der Verstand kann dem Glauben nur hinterherdenken, ist träge – und weniger wichtig. Auch mein Glaube wird meinen Verstand nach dem Sinn des Geschehens befragen; ich bete um österliches Verstehen, ich vertraue und glaube.

Maria von Magdala (Joh 20,11–18)

• Maria ist traurig, wegen des Todes Jesu und weil nun auch noch der Leichnam weg ist, und sie weint. Verweinte Augen sehen nicht gut: Sie erkennt den Auferstandenen nicht und hält ihn für den Gärtner.

• Indem er ihren Namen Maria sagt, gibt er sich zu erkennen. Sie ruft ihn, fast zärtlich, Rabbuni. Fasziniert und beglückt muss sie sein. Sie fällt vor ihm nieder, darf ihn aber nicht festhalten: Ostern ist vorerst nur ein Blitzlicht. Nähe und Distanz müssen gewahrt bleiben. Die Beziehung zum Auferstandenen ist innig und zugleich keusch.

• Er schickt sie zu den Brüdern – sie wird, wie Papst Franziskus sagt, zur Apostolin der Apostel. Erstmals spricht Jesus hier seine Jünger als Brüder an: Zeichen einer neuen Beziehung, nicht mehr zwischen Meister und Schülern, sondern zwischen Geschwistern.

Thomas (Joh 20,24–29)

• Thomas hat den Auferstandenen noch nicht gesehen. Thomas bezweifelt, dass Jesus lebt, und will, um zu glauben, den gleichsam empirischen Beweis. Ich lasse meine Zweifel zu, die emotionalen und die rationalen, ich stelle meine Fragen.

• Eine Woche später zeigt sich der Auferstandene und bietet Thomas den verlangten Beweis an. Ob dieser darauf eingeht und ihn wirklich berührt, wird nicht berichtet. Zur Berührung bietet ihm Jesus seine Wunden an – über Wunden lernen wir einander wirklich kennen. Ich sehe meine Wunden, die Wunden Jesu und die Wunden mir lieber Menschen an. Ich danke für alle Begegnung und alles Erkennen, für alle Heilung und Erlösung.

• Thomas antwortet mit dem knappsten und klarsten Glaubensbekenntnis der Bibel: Mein Herr und mein Gott! Kann ich dieses, auch ohne leibhaftes Sehen, ohne Empirie, mitsprechen? Ich bitte darum.

Liebst Du mich? (Joh 21,1–19)

• Am See Genezareth zeigt sich der Auferstandene; die Szene greift die Geschichte vom reichen Fischfang (Lk 5,1–11) auf und erweitert sie österlich. Mit Brot und Fisch wird ein Mahl angedeutet: Hinweis auf die wirklich leibliche Auferstehung und auf die Eucharistie. Ich lasse mich beschenken und staune und bete.

• Dreimal fragt Jesus seinen wichtigsten Jünger Petrus, ob er ihn liebe – er weiß um den Wankelmut dessen, der ihn dreimal verleugnete. Dreimal beteuert Petrus seine Liebe, dreimal erhält er den Hirtenauftrag. Anfangs fragt Jesus nach der Nächstenliebe (*agape*), am Ende nach der größeren Freundesliebe (*philía*), um diese geht es ihm eigentlich. Ich schaue meine Liebe zu Jesus an, bitte, dass sie wachse, und lasse mich von ihm senden.

• Hirtensorge schließt wie Freundesliebe die Bereitschaft ein, das Leben einzusetzen (vgl. Joh 10,11; 15,13). Petrus wird nach einem langen Apostelleben als Märtyrer sterben. Was bin ich bereit zu geben? Ich bitte um Hingabe und Liebe.

Leiden und Trost (2 Kor 1,3–7)

• Paulus preist Gott, den Vater des Auferstandenen, als Vater des Erbarmens und Gott allen Trostes – wunderbar spricht er den Schöpfer und Vollender allen Lebens an.

• Paulus muss viel leiden – zum Trost der Gemeinde. Und er erhält viel Trost – um ihn weiterzugeben an die Gemeinde. Der Trost – im Sinn der Exerzitien (vgl. EB 316) – integriert die Tränen: Leid darf gleichsam wehtun und fließen und auf diese Weise heilen und zum Trost werden.

• Die Dritte Woche wandelt sich zur Vierten: Durch Geduld im Leiden entsteht Hoffnung; der Apostel hegt sie für die Gemeinde. Wir Christen haben teil an den Leiden und am Trost.

Emmaus (Lk 24,13–35)

• Die beiden Jünger – nach alter Deutung könnten sie ein Paar oder Ehepaar sein – sind nach dem Karfreitag enttäuscht und frustriert. Wandernd tauschen sie sich aus. Ein Unbekannter gesellt sich zu ihnen und erklärt ihnen einiges – sie hören offen zu und staunen.

• Beim Brotbrechen erkennen sie den Auferstandenen. Im Mahl verbinden sich Menschen und erkennen einander – die Geschichte verweist auf die Eucharistie. Die beiden wollen den Augenblick bewahren und mit Jesus länger verweilen. Doch er entzieht sich – wieder ist sein Erscheinen flüchtig, wieder dürfen sie ihn nicht festhalten.

• Voll Freude brechen sie noch in der Nacht auf, zurück nach Jerusalem. Sie erzählen und verkünden.

Himmelfahrt (Apg 1,4–12)

• Nach 40 Tagen der größeren Präsenz – eine heilige Zeit – gibt der Auferstandene letzte Weisungen und entschwebt in den Himmel. Er entzieht sich, wird freilich künftig in anderer Weise präsent sein. Zieht er uns jetzt schon mit sich, nach oben? Oder erst am Ende der Zeiten? Berufen zum Himmel, schaue ich nach oben und danke für seine Auferstehung und Gegenwart. Ich lobe und preise ihn.

• Die beiden Männer oder Engel verweisen die Jünger nach unten, zur Erde. Dort haben sie bis zu seiner Wiederkunft einen Auftrag zu erfüllen. Noch habe ich im Irdischen und Menschlichen, auch in Leid und Not auszuharren. Ich nehme meinen Auftrag an, auch wenn er nicht immer schmeckt, wissend um die künftige Herrlichkeit.

• Ich bete für die Kirche um Frieden, um Erneuerung, um den Heiligen Geist.

Pfingsten (Apg 2,1–13)[48]

• 50 Tage nach Ostern, am jüdischen Schawuot-Fest, sind die Jünger in Jerusalem versammelt. In Sturm und Feuer

48 Im Exerzitienbuch ist die Himmelfahrt Jesu die letzte Betrachtung

kommt der Geist auf sie herab. Sie erhalten die Sprachengabe, die ihnen helfen wird, das Evangelium allen Völkern zu verkünden. Ich schaue auf dieses Ereignis und danke.

• Mit der Geistausgießung gründet Gott die Kirche. Der Geist gibt ihr Energie, Weisheit und Vollmacht, dass sie in der Welt für Gottes Reich wirke. Ich bete für die Kirche: um kluge Unterscheidung der Geister, um ein wirksames Zeugnis, um Glaube, Hoffnung und Liebe, um Kraft und um Frieden.

• Ich bete für mich selbst, für mein Leben und Wirken in der Kirche, auch bei Schwierigkeiten und Ärgernissen. Ich bitte um die Gaben des Geistes: um den Geist der Weisheit und der Einsicht, den Geist des Rates und der Stärke, den Geist der Erkenntnis und der Gottesfurcht (Jes 11,1f.).

Weitere Schrifttexte

Die vier Gaben des Auferstandenen (Joh 20,19–23): Der Auferstandene schenkt den Jüngerinnen und Jüngern vier Gaben: den Frieden – die Sendung – den Geist – die Vergebung. Ich bete um diese Gaben für mich und für die Kirche, zum Trost für uns und um sie an die Menschen weiterzugeben.

Urgemeinde (Apg 1,13f.; 2,43–47; 4,32–37): Die ersten Christen teilen ihre Güter untereinander, so dass niemand

(EB 312). Als Grund vermutet man, dass Ignatius den Geist nicht zu viel erwähnen wollte, um nicht für einen *Alumbrado* – ein Mitglied jener Sekte, die sich gegen die Amtskirche auf den Geist berief – gehalten und entsprechend verfolgt zu werden. Außerdem wollte er sich wohl auf das *Leben Jesu* konzentrieren, das mit der Himmelfahrt endet. Heute darf man unbefangen Pfingsten in die Exerzitien hinzunehmen, als Übergang in den Alltag, in die Zeit der Kirche.

Not leidet – welch großes Vorbild! Sie verharren im Gebet, feiern Eucharistie, loben Gott. Der Herr lässt die Gemeinde schnell wachsen. Ich lasse mich in meinem Christsein inspirieren und bete für mich, für meine Gemeinde und für die Kirche.

Vision der Auferstehung (Ez 37,1–14): Vertrocknete, tote Gebeine erhalten Fleisch und Geist. Die große Vision des Ezechiel führt mich zur Bitte, lebendig und von Geist erfüllt zu werden, und dazu, dass ich Auferstehung und ewiges Leben erhoffe.

Christus in mir (Gal 2,19–20a): Gestorben ist Paulus aller Gesetzesfrömmigkeit, die sich die Gnade durch fromme Werke verdienen will. Neu geboren wurde er für Gott. Mit Christus gekreuzigt, ist Paulus auferstanden, durch wirkliche Gnade. Er lebt nun – nach der berühmten Formel – *in Christus*. Ich verinnerliche dieses Wort, kann es meditieren und mit dem Atem wiederholen.

Entäußert und erhöht (Phil 2,5–11): Noch einmal gehe ich den Weg Jesu nach. Von ganz oben steigt er nach ganz unten ab, in die Krippe, ans Kreuz, ins Grab. Von dort unten steigt er wieder auf zu Gott und sitzt oben, zur Rechten Gottes, und alle bekennen ihn als Herrn. Ich sehe meinen Weg nach unten, ins Irdische und Dunkle und in den Tod. Ich sehe meinen Weg nach oben, erlöst und befreit und einst ganz mit ihm vereint.

Geduld und Hoffnung (Röm 5,1–5): Die Christin ist durch ihren Glauben gerechtfertigt, was bedeutet, dass ihre Schuld nicht mehr zählt und vergeben ist. Deswegen erträgt sie irdische Bedrängnisse, in Geduld und Hoffnung. Der Geist gießt Gottes Liebe in ihr Herz.

Die Taufe als neues Leben (Röm 6,1–11): Der alte Mensch wurde mit Christus gekreuzigt. Durch die Taufe haben wir Anteil an der Auferstehung und am Neuen Leben. Der Tod hat keine Macht mehr. Wir leben nicht mehr für die Sünde, sondern für Gott.

Hoffnungsgewissheit (Röm 8,18–30): Die Leiden dieser Zeit bedeuten nichts im Vergleich zur künftigen Herrlichkeit. Wir leben aus Hoffnung, die im Glauben zur Gewissheit wird. Auch wenn wir nicht gut beten können: Der Geist seufzt in uns und für uns.

Unverhüllt zur Herrlichkeit Christi (2 Kor 3,12–4,6): Wie in einem Spiegel schauen wir unverhüllt die Herrlichkeit des Herrn. Mit Eifer verkünden wir nicht uns selbst, sondern Christus – selbst sind wir nur Knechte um Jesu willen. Gott ist in unserem Herzen aufgeleuchtet, damit aufstrahle die Erkenntnis des göttlichen Glanzes auf dem Antlitz Christi.

Neuer Himmel und neue Erde (Offb 21,1–7): Der Seher Johannes beschreibt den neuen Himmel und die neue Erde. Ich meditiere die großen Bilder des Himmels: die Heilige Stadt Jerusalem, die geschmückte Braut, die Wohnung Gottes, die abgewischten Tränen, Christus Alpha und Omega, die Quelle mit dem Wasser des Lebens, die Gotteskindschaft.

Zum Schluss

Zehn Leitsätze des Übens

Stille und Großmut pflegen. Ich schaffe mir Raum für das Üben: den äußeren Raum, ansprechend gestaltet und still; den inneren Raum, abgeschieden, aufmerksam, ruhig. Gepflegte Räume ermöglichen, dass ich mich sammle und auf Gott ausrichte. Ich darf meiner Sehnsucht Raum geben. Großherzig stelle ich Raum und Zeit und mich selbst Gott zur Verfügung. Ich bitte um das rechte Hören und um Großmut, um das Wort und um den Geist.

Den Leib spüren. Mein Leib soll sich gut fühlen und zur Ruhe kommen. Ich suche die rechte Körperhaltung, in der ich lange verweilen kann. Ich spüre in meinen Körper hinein und entspanne, was verspannt ist. Im leibhaften Spüren und im Atmen nehme ich den Geist wahr. Ich bitte, dass mein Leib zum Tempel des Heiligen Geistes werde.

Regungen sein lassen. Alle inneren Regungen darf ich da sein lassen: Gefühle und Bedürfnisse, Gedanken und Bilder, Szenen meines Lebens und Dispute, Dunkles und Helles, Früheres und Gegenwärtiges und Künftiges, Dinge des Kopfes und solche des Herzens. Ehrlich bin ich mit mir und frei. Manchen Regungen werde ich mehr Raum geben und sie entfalten, von anderen werde ich mich nach Unterscheidung nicht weiter bestimmen lassen. Ich bitte um die Gabe des Unterscheidens.

Die Seele zurücktragen. Wenn meine Gedanken und Gefühle spazieren gehen, sich zerstreuen und dem Betrachtungsthema und Gebet entfliehen, werde ich sie behutsam zurücktragen und wieder ins Gebet bringen. Und wenn ich sie immer wieder nur zurücktrage, ist auch dies sinnvoll und wirksam. Ich halte mich Gott hin, harrend, geduldig, vertrauend auch in Trostlosigkeit. Ich bitte um Trost.

Für mich da sein. Im Fokus stehen nicht die Wege anderer mit Gott, sondern meine. Gott sorgt für mich, ich sorge für mich. Ich mache mich frei von Druck, äußerem und innerem. Meine Wege dürfen ungewöhnlich sein, kompliziert, aufregend, steil; oder auch normal, einfach, unaufgeregt, flach – ich bewerte nicht, vergleiche nicht. Sie sind meine Wege, mit meinem Gott, der mich ruft und über Mauern springen lässt. Ich bitte um Erkenntnis des Willens Gottes und um Bereitschaft, ihn zu erfüllen.

Für andere da sein. Zugleich bin ich nicht nur für mich da, sondern ich öffne mich für andere. Ich bete mit ihnen und für sie. Ich werde mich später für sie einsetzen. Meine Freundinnen und meine Familie sind in den Übungen präsent, ebenso die Notleidenden, die Kirche, die Welt. Ich lebe das *Mit* und das *Für* der Exerzitien. Ich habe eine Sendung, die ich entdecke und stärke. Ich bitte um Hingabe und Liebe.

Verspüren und schmecken. Beim Üben will ich nicht neues und reiches Wissen erwerben, sondern die Dinge von innen her verspüren und schmecken. Weniges ist oft mehr als vieles. Ich übe das Harren und das Bleiben. Ich lasse mich berühren und aufwecken. Ich bitte darum, zu genießen und zur Ruhe in Gott zu gelangen.

Sich begleiten lassen. Ich öffne mich meiner Begleiterin und erzähle ihr, was mich bewegt. Schon das Berichten hilft mir, meine Dinge besser zu verstehen und zu ordnen. Ich lasse mir Rat für das bessere Üben geben, außerdem neue Übungen und Hilfe, die Geister zu unterscheiden. Ich bitte: für mich um Vertrauen und um Offenheit; für die Begleiterin um das rechte Gespür und um den rechten Geist.

Wählen. Wenn ich vor Entscheidungen stehe oder mein Leben ordnen will, nehme ich diese Anliegen in die Unterscheidung und ins Gebet. In eigenen Übungen werde ich sie thematisieren und durchbeten. Ich schaue die Alternativen mit Wohlwollen an, bewerte nicht zu schnell. Ich sehe, wohin mich der Geist durch seine Signale und vor allem durch größeren Trost führt. Ich wähle, wozu ich erwählt bin. Ich bitte um Klarheit und um Führung.

Beten. Alle Regungen, die mir kommen, alles Suchen und alles Erfahren bringe ich ins Gebet. Dieses werde ich frei mit Worten formulieren, mündlich oder schriftlich, oder ich bete ein vorformuliertes Gebet. In Medien wie Bild oder Musik oder Körpersprache kann ich mein Beten ausdrücken. Oder ich halte mein Beten und damit mich selbst schweigend Gott hin. Mein Gebet wird Dank und Lobpreis sein, auch Bitte und Klage. Ich bitte um Vertrauen im Gebet.

Zehn Leitsätze des Begleitens

Räume schaffen. Ich schaffe einen guten äußeren und inneren Raum für das Begleitgespräch; er ermöglicht Vertrauen, auch für innere Fragen. Ich helfe der Exerzitantin, ihren Raum für die Übungen zu finden und zu gestalten. Ich trete mit viel Empathie und Freundschaft in ihre Exerzitienwelt ein; nach dem Gespräch verlasse ich diese Welt wieder. Ich übergebe die Verantwortung Gott.

Nähe und Distanz zulassen. Der Exerzitant darf Nähe zu mir erfahren, er darf auch Distanz wahren – beides in seinem Maß. Meine Beziehung zu ihm ist zugleich freundschaftlich und asymmetrisch, offen hörend und diskret. Ich binde ihn nicht an mich, bestimme ihn nicht. Wenn er zu viel Nähe will oder wenn ich ein zu großes Bedürfnis nach Nähe verspüre, schaue ich auf die rechte Distanz und Freiheit.

Nach Trost und Trostlosigkeit fragen. Immer wieder frage ich die Exerzitantin nach ihren geistlichen Regungen: nach Ruhe und Unruhe, nach der Nähe Gottes und nach seiner Ferne, nach angenehmen Gefühlen und nach unangenehmen, nach dem, was sie tröstet, und nach dem, was sie trostlos macht. Ich frage sie nach dem leiblichen Befinden und Spüren. Ich helfe ihr, die Geister zu unterscheiden.

Eher Methoden als Inhalte besprechen. Ich frage den Exerzitanten nur vorsichtig nach den oft recht intimen Inhalten seiner Übungen; er soll sie zuerst Gott anvertrauen und danach, soweit er möchte, auch mir. Ich frage eher nach der Weise des Betens und Betrachtens und gebe ihm darin Rat und Hilfe; seine selbst gewählte Gebetsweise und den Tagesablauf soll er einhalten. Wenn er sich Gott gut öffnet und auf ihn hört, wird dieser ihn in seinen Lebensthemen beraten und führen.

Übungen geben. Meine erste und wichtigste Aufgabe ist es, der Exerzitantin Übungen zu geben. Ich wähle diese meist unter Übungen aus, die ich kenne und verinnerlicht habe und bei denen ich spüre, dass sie zur Situation der Exerzitantin passen. Meist wähle ich eher intuitiv. Manchmal bin ich unsicher, ob die Übung wirklich weiterführt. Ich vertraue auf Gott, dass er mir die rechte Idee gibt und dass er die Exerzitantin, auch wenn die Übung wenig passt, gute Wege führt.

Helfen zu unterscheiden. Nicht ich unterscheide die Regungen des Exerzitanten, sondern ich helfe ihm, dass er selbst sie wahrnimmt und unterscheidet. Durch Rückfragen und diskrete Hinweise werde ich ihn auf übersehene Aspekte bringen. Außer auf Argumente richte ich seinen Blick auf die Emotionen und helfe ihm, in allem den guten Geist vom Abergeist zu unterscheiden. Ich ermutige ihn, im Gebet seine Regungen anzusehen. Ich erinnere an Kriterien und Regeln des Unterscheidens.

Selbständig gehen lassen. Die Exerzitantin soll selbständig ihren Weg gehen und ihre Entscheidungen fällen. Ich bewerte nicht, greife nicht ein, dirigiere nicht, stelle meine persönliche Präferenz zurück, bleibe in der Waage. Ich bitte um die nötige Demut und Selbstlosigkeit dafür. Nur ganz selten, wenn sich die Exerzitantin in Unheilvolles verrennt, greife ich behutsam ein – nach gründlicher Unterscheidung und Gebet. Alles Geschehen übergebe ich immer wieder Gott.

Meine Grenzen anerkennen. Manchmal verstehe ich die Exerzitantin nicht gut, auch nicht emotional. Oder es fehlt mir Wissen und Erfahrung, um die Situation einzuschätzen. Oder ich stehe mir selbst im Weg, mit meiner Unreife, meinen psychischen Grenzen, meiner Bedürftigkeit, meinen Ängsten, meinem Stolz. Ich möchte meine Grenzen wahrnehmen und annehmen. Ich möchte mit ihnen so umgehen, dass sie die Begleitung nicht stören, sondern ihr, soweit möglich, helfen.

Auf Gott verweisen. Wenn der Exerzitant mich mit seinen Nöten überschüttet, lasse ich dies begrenzt zu, schicke ihn aber dann zurück zu Gott. Ich mache seine Nöte nicht zu sehr zu meinen. Gott ist seine Zuflucht. Gott wird ihm helfen. Ich ermutige ihn, selbst gegen die Not anzugehen und zugleich ganz auf Gott zu vertrauen.

Mit der Begleiteten und für sie beten. Nach den Gesprächen, in Stille, bete ich für die Exerzitantin. Auch stimme ich in ihre Anliegen ein und bete darin mit ihr. Indem ich Gott nahe bin, spüre ich besser ihre Wege, helfe ihr beim Unterscheiden, finde die passenderen Übungen für sie, begleite sie besser. Ich danke Gott, dass ich im Begleiten wahrnehmen darf, wie er in Menschen wirkt. Ich preise ihn für seine Hilfe, sein Wirken, seine Gnade.

Literatur (Auswahl)

Barry, William A.; Doherty, Robert G.: Gott in allen Dingen finden. Die Dynamik der ignatianischen Spiritualität, Annweiler 2014.

Cisneros, García Jiménez de: Exerzitien des geistlichen Lebens. Exercitatorio de la vida spiritual (ed. Stephan Hecht), Münsterschwarzach 2021.

Gottschlich, Liudger: Dein Licht ist Dunkelheit und Nacht. Die „Dritte Woche" der Exerzitien, Würzburg 2024.

Ignatius von Loyola, Geistliche Übungen, ed. Peter Knauer, Würzburg ^{3}2015.

Ivens, Michael: Understanding the Spiritual Exercises, Herefordshire/Surrey 1998.

Jalics, Franz: Der kontemplative Weg, Würzburg 2006.

Kiechle, Stefan: Achtsam und wirksam. Führen aus dem Geist der Jesuiten, Freiburg 2019.

Kiechle, Stefan: Gott die Ehre. Kurze Theologie der ignatianischen Exerzitien, Würzburg 2021.

Kiechle, Stefan: Ignatius von Loyola. Leben – Werk – Spiritualität, Würzburg ^{3}2020.

Kiechle, Stefan: Sich entscheiden, Würzburg ^{10}2020.

Köster, Peter: Lieben und Dienen: Geistliche Übungen in einem nach-christlichen kulturellen Umfeld, Würzburg 2024.

Köster, Peter: Zur Freiheit befähigen. Die Geistlichen Übungen des hl. Ignatius von Loyola. Ein Kommentar mit Hinweisen für die Praxis des Begleitens, Würzburg 2017.

Kramp, Igna Marion: Begegnung mit den Geheimnissen des Lebens Jesu Christi. Zur biblischen Hermeneutik der Exerzitien, Münster 2020.

Kramp, Igna: Das Ziel im Blick. Leben und arbeiten auf gutem Grund, Würzburg 2023.

Lambert, Willi: Das siebenfache Ja. Exerzitien – ein Weg zum Leben, Würzburg [5]2010.

Lefrank, Alex: Umwandlung in Christus. Die Dynamik des Exerzitien-Prozesses, Würzburg 2009.

Palmer, Martin E. (Hg.): On giving the Spiritual Exercises. The early Manuscript Directories and the Official Directory of 1599, St. Louis 1996.

Rahner, Karl: Ignatianischer Geist. Schriften zu den Exerzitien und zur Spiritualität des Ordensgründers (SW 13), Freiburg 2006.

Rutishauser, Christian M.: Freiheit kommt von innen. In der Lebensschule der Jesuiten, Freiburg 2021.

Sachsen, Ludolf von: Das Leben Jesu Christi, Einsiedeln/Freiburg 1994.

Schaller, Hans: Wenn Umkehr Freude schenkt. Einführung in die ignatianischen Exerzitien, Freiburg 2022.

Schaupp, Klemens: Gott im Leben entdecken. Einführung in die geistliche Begleitung, Würzburg [2]2011.

Schulz, Hannah A.: Durch Nebel hindurch. Aus ignatianischer Sicht geistlichen Missbrauch erkennen und überwinden, Würzburg 2022.

Tetlow, Joseph A.: Making Choices in Christ. The Foundations of Ignatian Spirituality, Chicago 2008.

Traber, Annette: Gewänder des Heils. Exerzitien im Alltag, Würzburg 2023.

Vechtel, Klaus: Maria. Gott suchen und finden, Würzburg 2017.

Zeitschriften:

Ignaziana: www.ignaziana.org
Stimmen der Zeit: www.stimmen-der-zeit.de
Geist und Leben: www.echter.de
Korrespondenz zur Spiritualität der Exerzitien:
www.gcl.de

Buchreihe:

„Ignatianische Impulse“ (Echter Verlag Würzburg):
www.echter.de

Weitere Literatur, auch zu den Editionen des Exerzitienbuchs und zu Grundlagenwerken, in Kiechle (2021).